«Sollen wir die Polizei rufen?», entgegnet meine Mutter. «Oder Papas und Lisbets Nachbarn! Die müssen, wenn keiner aufmacht, die Tür eintreten. Was, wenn sie entführt worden sind? Was weiß ich, welchem ‹Fahrer› sie sich anvertraut und ... DA SIND SIE!» Wie der Roadrunner zischt die kleine Frau in den Hof. Der alte Mercedes meines Großvaters kommt, träge und wuchtig wie ein Schiff, um die Ecke gebogen. Die Scheiben des Benz spiegeln. Auf der Rückbank erkenne ich meinen 91-jährigen Opa und seine Partnerin Lisbet. Wer das Fahrzeug lenkt, sehe ich nicht. Meine Mutter wirft einen Blick in das Wageninnere, glotzt verblüfft und dirigiert das Auto dann in unsere Einfahrt. «Jetzt einschlagen. Sie müssen einschlagen. Kurbeln! Kurbeln! You must kurbel. Sehr gut.»

«Ich wünsche Christian Huber ein langweiliges Leben – er macht so viel Komisches draus.»
Micky Beisenherz

Christian Huber, geboren in Regensburg, ist Autor für TV, Online, Print und Bühne. Seine Kolumnen wurden u. a. von VICE und ICON/DIE WELT publiziert. Sein Buch «7 Kilo in 3 Tagen» war wochenlang in der Spiegel-Bestsellerliste. Mit dem Team von Jan Böhmermanns «Neo Magazin Royale» wurde er u. a. für die Goldene Kamera und den Deutschen Comedypreis nominiert und mit dem Webvideopreis und dem Deutschen Fernsehpreis ausgezeichnet. Unter dem Pseudonym «Pokerbeats» führt Huber einen der beliebtesten Twitter-Accounts Deutschlands.

Christian Huber

ALLE ANDEREN KÖNNEN EINPACKEN

Über Weihnachten
nach Hause

ROWOHLT TASCHENBUCH VERLAG

Originalausgabe
Veröffentlicht im Rowohlt Taschenbuch Verlag,
Reinbek bei Hamburg, November 2018
Copyright © 2018 by Rowohlt Verlag GmbH, Reinbek bei Hamburg
Umschlaggestaltung zero-media.net, München
Umschlagabbildung FinePic®, München
Satz aus der Dolly
Gesamtherstellung CPI books GmbH, Leck, Germany
ISBN 978 3 499 63419 2

1. Kapitel

DAS KÖNNTE ENG WERDEN

Zwei Tage bis Heiligabend

Offenbar ist für die nächsten Tage ein Atomkrieg angekündigt. Hunderte Menschen drücken sich, eine Mischung aus Panik und Überlebenstrieb in den Augen, durch die ohnehin schon zu schmalen Gänge des Kleinstadtsupermarktes. Jeder ist sich selbst der Nächste. Denn Vorräte müssen angelegt werden. Wasser, Konserven, Back-, Fleisch- und Wurstwaren, um die kommenden Wochen autark überleben zu können. Und Süßigkeiten dürfen natürlich nicht fehlen. Auch im Atomkrieg will schließlich niemand auf Elisenlebkuchen, Schokolade mit mindestens 70 Prozent Kakaogehalt und Mandelsplitter verzichten. Zumal der nukleare Super-GAU ausgerechnet für Heiligabend und die Weihnachtsfeiertage ausgerufen zu sein scheint.

Es ist Samstag, der 22. Dezember, der letzte volle verkaufsoffene Tag vor Weihnachten, was offenbar für alle Einwohner meines alten Heimatstädtchens Schwarzendorf wahnsinnig überraschend gekommen ist und jetzt den gesamten Ort zu einer Art Einkaufsflashmob bei Aldi-Süd versammelt.

Wer keinen Einkaufswagen ergattern konnte, stemmt mit Lebensmitteln vollgepackte Milchkartons, schleppt zum Zerreißen gespannte Plastiktüten oder lässt die Konsumgüter direkt in die nach vorne gespannte Jacke fallen wie im Sterntalermärchen.

Wir haben einen Einkaufswagen. Brigitte Kollinger – meine Mutter – manövriert in einer eleganten Kombination aus Slalom, Autoscooter und *The Fast and the Furious* durch die Regalreihen. Dabei missachtet die kleine Frau bewusst jedes Reißverschlussverfahren, jedes Vorfahrtsgebot und jede weitere Supermarkt-Verkehrsregel. Sie bremst ein junges Pärchen aus, driftet um die Gemüseauslage, lässt den Wagen einen Augenblick frei rollen und wirft, über einen Block aus zwei zeternden Seniorinnen hinweg, zwei Salatköpfe in den übervollen Drahtkorb wie Michael Jordan zu seinen besten Zeiten. Fadeaway Jumpshot mit elegant nachklappendem Handgelenk. Fehlt nur noch, dass sie dabt. Ich bin kurz davor, mit ihr abzuklatschen.

«Basti, wir brauchen Eier. Holst du die eben?», ruft sie mir zu, saust um die nächste Ecke zur Getränkeabteilung und lässt mich in dem chaotischen Gewusel zurück. Eier. Wo werden die wohl sein? Fremde Supermärkte sind mit Neuronenüberlastung ballernde Labyrinthe. Bis ich mich in dem Lidl an der Kreuzung zu meiner Wohnung in Köln nicht mehr hoffnungslos verlaufen habe, hat es über ein Jahr gedauert. Und ich weiß gar nicht mehr, wann ich das letzte Mal mit meiner Mutter in ihrem Stammdiscounter war. Seitdem wurde hier auf jeden Fall alles umgebaut. Ich bin einigermaßen überfordert. Wie ein Wellenbrecher stehe ich in dem Korridor zwischen den Obst- und Gemüsefächern und stemme mich gegen den Strom aus Nahrungsmittel hortenden Kunden, der unablässig wie durch eine geöffnete Schleuse durch die gläserne Eingangstür quillt. Ich bin unschlüssig, welche Abzweigung ich nehmen soll. Statistisch gesehen soll man sich in Irrgärten immer links halten, um mit doppelter Wahrscheinlichkeit zum Ziel zu kommen. Das ist selbstverständlich absoluter Quatsch. Aber mein Hirn hat es sich angewöhnt, sich in Stresssituationen mit erfundenen Statistiken zu beruhigen. Fiktive Fakten geben mir in Drucksituationen ein Gefühl von Sicherheit. Also nach links. Aus dem Augenwinkel sehe ich, wie sich meine Mutter zwischen dem Weinsortiment und Wänden aus Bier-, Wasser- und Saftkästen für eine – offensichtlich von ihr heimlich geplante – Bareröffnung eindeckt.

Eigentlich hatten meine Eltern das Menü für die Festtage schon vor Wochen festgelegt und alle Einkäufe längst erledigt. Was heißt hier vor Wochen? Seit ich denken kann, läuft Weihnachten bei uns Kollingers gleich ab. Eine herrliche, kulinarische Routine. Ein durchgehender Festschmaus, auf den ich mich das ganze Jahr freue. Wie auch auf die Zeit mit meiner Familie, die ich schon seit Monaten nicht mehr gesehen habe.

Diese Vorfreude alleine ist allerdings nicht ausschlaggebend dafür gewesen, diesmal einen Tag früher als sonst in die bayerische Heimat zu kommen. Vielmehr hoffe ich, dass mir ein Tag mehr bei meiner Mutter und meinem Vater die Gelegenheit gibt, endlich den richtigen Moment abzupassen, um mit ihnen über eine entscheidende Veränderung in meinem Leben zu sprechen: Ich habe eine neue Freundin. Und ich muss meinen Eltern noch etwas sagen, das untrennbar mit dieser Neuigkeit verknüpft ist: Ich werde Heiligabend dieses Jahr das erste Mal nicht mit ihnen zusammen verbringen.

Irgendwie muss ich meiner Mutter und meinem Vater beichten, dass die Eltern meiner neuen Freundin, die auch erst von meiner Existenz erfahren haben, darauf bestehen, mich zur Bescherung zu sich nach Hause einzuladen, um den neuen Mann an der Seite ihrer Tochter kennenzulernen.

Doch im Moment ist weder die Zeit noch der Ort, diese Themen anzusprechen. Denn nicht zu wenige Gäste sind gerade das Problem der Familie Kollinger, sondern zu viele. Fest geplant hatten meine Eltern über Heiligabend hinaus nämlich lediglich mit mir. Sie hatten für mich, wie jedes Jahr, eine Matratze in meinem alten Zimmer überzogen, die Speisekammer mit meinem Lieblingsessen gefüllt und den knisternden Kachelofen vorgeheizt. Mein Bruder Niklas und seine Frau Fine wollten mit ihrem kleinen Sohn Lenni ebenfalls am Vierundzwanzigsten für den Abend aus München vorbeikommen, was meinen Eltern beim bloßen Gedanken an den kleinen Wonneproppen das pure Entzücken um die Mundwinkel malte. Lenni ist jetzt knapp fünf Monate alt. Ein Kind so süß wie in Zuckerwatte gepackter Sonnenschein. Kennengelernt habe ich Baby-Lenni noch nicht. Dafür ist seine Entwicklung in der Kollinger-Familien-WhatsApp-Gruppe mit so vielen Fotos dokumentiert worden, dass diese zettabytegroße Bilderflut mutmaßlich der Auslöser für die sich in letzter Zeit häufenden Serverprobleme der App-Betreiber war. Wenn WhatsApp down ist, hat Lenni vermutlich gerade unfreiwillig eine lustige Grimasse geschnitten.

Gestern hat mein Bruder dann angerufen und gefragt, ob es möglich wäre, dass Fine, Lenni und er vielleicht doch für eine oder zwei Nächte bleiben könnten, da sie Freunde von früher in der Nähe besuchen wollten und dann nicht mehr extra zurück nach München fahren müssten. Die frischgebackenen Großeltern waren natürlich einverstanden. Mehr Lenni-Time!

Jetzt sind drei zusätzliche Erwachsene und ein Baby-Lenni logistisch schon eine Herausforderung für ein kleines Einfamilienhaus mit nur einem Badezimmer, aber nichts, was mein Vater nicht mit einem mit dem Schichteinteilungsprogramm seiner Apotheke erstellten Excel-Zeitplan in den Griff bekommen würde. Jedem von uns ist ein Ausdruck des von ihm ausgeklügelten Badplans auf das Kopfkissen gelegt worden – auch Lenni –, mit dem Hinweis, dass sich alle Bewohner möglichst an die vorgeschriebene Zeit zu halten hätten. Meine Mutter war ihre Menüs und das Plätzchenlager im Keller noch mal durchgegangen und zu dem Schluss gekommen, dass niemand verhungern würde. So weit, so gut.

Der Grund, warum mein Vater in dieser Sekunde über einem neuen Einteilungsplan für die Badzeiten brütet, meine Mutter bereits den zweiten Einkaufswagen heranzieht und ich immer noch auf der Suche nach Eiern durch die Supermarktgänge stolpere wie ein Kleinkind an Ostern, dessen Eltern beim Verstecken des Nestchens übermotiviert gewesen waren, ist eine Sprachnachricht meines inzwischen 91-jährigen, fast tauben, so gut wie erblindeten Großvaters Georg und seiner Lebensgefährtin Lisbet von heute Morgen auf der Mailbox meiner Mutter:

«Brigitte, Schatz, hier ist Lisbet ...», hatte Lisbet in ihr altes Tastentelefon geflötet.

«Wo ist die Brigitte?», hatte mein Opa sie, neben ihr sitzend, verwirrt unterbrochen.

«Bei sich zu Hause, Georg. Wir rufen sie gerade an.» Kurzes, ungläubiges Schweigen.

Dann Opa Georg: «Gib mir mal das Telefon!»

«Wir sind auf Lautsprecher, Georg», hatte Lisbet geantwortet.

Was ein Telefonlautsprecher ist, weiß mein Großvater. Doch diese Information schien ihn nur noch mehr verwirrt zu haben: «Auf Lautsprecher? Warum höre ich Brigitte dann nicht, hm? Bestimmt sind die blöden Hörgerätbatterien schon wieder leer. Kannst du mal gucken, Lisbet? BRIGITTE, HALLO?»

«Das Hörgerät funktioniert einwandfrei, Georg. Mich hörst du doch auch», hatte Lisbet Opa Georg die Situation in sanftem Ton weiter zu erklären versucht. Erneut ungläubiges Schweigen.

Dann wieder mein Opa: «Na, wenn alles funktioniert, warum antwortet meine Tochter dann nicht, hm? Ist sie wieder eingeschnappt? BRIGITTE, BIST DU WIEDER EINGESCHNAPPT?»

«Niemand ist eingeschnappt, Georg. Brigitte ist gar nicht am Telefon.»

«Aber eben hast du doch noch ...? Hast du heimlich einen Kräuter getrunken, Lisbet?»

«Nein.»

«Wollen wir gleich zusammen einen Kleinen?»

«Es ist 9 Uhr morgens, Georg.»

«Vielleicht ein Schüsschen in den Kaffee?»

«Schauen wir gleich. Brigitte, also ...»

«Ist sie jetzt doch dran? Schätzchen, grüß dich, freust du dich schon?»

«Wir telefonieren mit dem Anrufbeantworter, Georg. Und Brigitte weiß doch noch gar nichts.»

«Was weiß sie noch nicht?»

Es war förmlich zu hören gewesen, wie Lisbet ihrem Lebensgefährten liebevoll die Hand auf den Oberschenkel legte, während sie weitersprach: «Na, Georg, dass wir sie morgen für die Weihnachtstage besuchen kommen. Deswegen rufen wir doch an. Brigitte, hörst du? Dein Vater und ich kommen zu euch. Morgen. Zum Mittagessen. So wie früher. Mit dem Mercedes. Wir werden gebracht. Ihr müsst euch also keine Sorgen machen und braucht uns auch nicht abzuholen. Das wird ganz wunderbar.» Stille.

Schließlich wieder mein Opa: «Warum sagt sie denn nichts?»

«Ach, Georg ... Komm, ich mach uns Frühstück. Bis morgen, Brigitte. Wenn noch was ist, kannst du mich entweder hier oder auf meinem Mobilfunkgerät erreichen. Tschüüüüühüüüs.»

Lisbet hatte aufgelegt und meine Mutter noch mit dem Knacken in der Leitung versucht, sie zurückzurufen. Vergeblich. Bei meinem Großvater zu Hause ertönte kein Freizeichen, und Lisbets «Mobilfunkgerät» war ausgeschaltet. Aber wie wir alle meinen mittlerweile immer wunderlicher werdenden Opa und seine Partnerin kannten, würden die beiden sich ohnehin nicht von ihrem Vorhaben abbringen lassen, die knapp 210 Kilometer von ihrem Wohnort Gmund am Tegernsee zu uns nach Schwarzendorf zu fahren. Mit dem Mercedes. So wie früher. Einziges Problem an der Sache ist, dass Georg vor Jahren die Fahrerlaubnis – wegen eines kleinen Vorfalls mit einer Politesse und einem nicht ausgewiesenen Parkplatz in einem Springbrunnen – entzogen worden war und Lisbet den Führerschein nie gemacht hatte. Deswegen wäre es für meine Eltern durchaus interessant gewesen zu erfahren, wer das greise Paar denn nun über Landstraßen und Autobahnen zu uns nach Hause kutschieren würde. Auch ob der Fahrer oder die Fahrerin verpflegt werden muss und wo er oder sie schlafen soll, hätten sie gerne geklärt. War bis zum jetzigen Zeitpunkt aber nicht möglich. Deshalb wollten meine Eltern auf alles vorbereitet sein.

Und deshalb muss ich jetzt Eier suchen.

Zwei Gänge weiter werde ich fündig. Ich greife mir die letzten beiden Pappschalen. Im Aldi stehen wir stimmungsmäßig inzwischen kurz vor Plünderung. Wenn es noch etwas zu plündern gäbe. Die ausgeräumten Regale könnten mittlerweile auch hervorragend als Kulisse bei *The Walking Dead* genutzt werden. Nur noch einzelne Alu-Dosen mit abgerissenen Etiketten liegen dort. Die Kühltruhen stehen offen. Die Lager des Discounters sind leer. So wie die Augen und Antworten der kurz vor dem Burnout stehenden, von Kunden bedrängten Verkäufer und Verkäuferinnen. Aufgerissene Mehlpackungen liegen überall verstreut, und der Boden sieht aus, als wäre Pablo Escobars Geburtstagsparty etwas aus dem Ruder gelaufen. Die Obst- und Gemüsefächer wirken, als hätte ein Heuschreckenschwarm alles bis auf die Stiele kahlgefressen. So hatte mein früherer Geschichtslehrer immer Kaufhallen in der ehemaligen DDR beschrieben, wenn eine Bananenlieferung eingetroffen war.

Jetzt wollen die Leute raus aus dem Markt und die Beute in die eigenen vier Wände schaffen. In den beiden fast bis zum Eingang reichenden Einkaufswagenschlangen zur Kasse wird längst mit den Füßen geschart. Die Rufe, den dritten Verkaufsschalter zu eröffnen, nehmen parolenartige Züge an.

Ich rechne jede Sekunde damit, dass jemand ein Megaphon zückt, Bengalos zündet und Spruchbanner hisst. Plötzlich leuchtet die 3 über dem verbleibenden Kassenband grün. Einen Atemzug hält die Menschenmasse inne. Dann herrschen Zustände wie bei einer in Panik geratenen Gnu-Herde. Es ist wissenschaftlich erwiesen, dass es zu 57 Prozent schneller geht, an der Kasse, an der man ohnehin ansteht, zu bleiben, als im Herdentrieb mit allen anderen kopflos zur neuen Kasse zu wechseln. Leider scheine nur ich diese Statistik zu kennen. Es wird getrampelt, gedrückt und geschubst. Ein rüstiger Frührentner hat in dem engen Durcheinander eine Lücke entdeckt. Er deutet seiner Frau mit einem Fingerzeig den geplanten Spielzug an, schnappt sich einen Kürbis aus dem Wagen wie einen Football, tänzelt geschickt durch die Reihen und bricht schließlich bis zur Schlangenspitze durch. Triumphierend vollführt er einen ekstatischen Siegestanz und knallt die orange Frucht auf das Warenband, als hätte er den entscheidenden Touchdown beim Super Bowl gemacht. Seelenruhig schiebt seine Frau nun die restlichen Einkäufe an allen Wartenden vorbei, als würde sie auf der Gästeliste stehen, und stellt ihre Artikel zu dem leicht lädierten Kürbis und sich selbst zu ihrem Ehemann.

«Bastian!» Meine Mutter winkt mir von Kasse 1.

Nach einem guten Dutzend «Entschuldigung …», «Dürfte ich mal kurz …» und «Ich müsste nur mal eben …» stehe ich neben ihr, und die Kassiererin zieht meine Eierpackungen als letzte Stücke unserer Errungenschaften über den Scanner. Meine Mutter bezahlt, wir schichten alles in mitgebrachte Stofftaschen und Klappkörbe und schieben unsere Wagen ins Freie.

Das Wetter ist trist, und es ist düster, trotz der frühen Uhrzeit. Die Parkplatzbeleuchtung funzelt, Scheinwerfer der anfahrenden und abbremsenden Autos leuchten auf und blenden ab. Langsam rollende Reifen, stampfende Schritte auf 100 mal 100 Metern rissigem Teer.

In einer Ecke des Parkplatzes hat ein Weihnachtsbaumhändler, ein verschroben aussehendes Hutzelmännchen mit Spitzhut und langstieliger Pfeife, ein paar Quadratmeter mit grünem, engmaschigem Netz abgesteckt. Viel Ware hat der Herr, der aussieht, als wäre er aus einem seiner Baumstümpfe geschnitzt worden, nicht mehr feilzubieten. Doch für diejenigen, die den Tannenkauf wieder bis zur letzten Sekunde rausgezögert haben, ist er heute die letzte Chance. Den mickrigen Rest seiner letzten Stauden, die eher an Waldsterben als an festliche Christbäume erinnern, verkauft der runzelige Schrat, dessen struppige Gesichtsbehaarung man direkt selbst mit Lametta und Lichterketten schmücken könnte, den Höchstbietenden zum Fest der Liebe für mehrere Jahresgehälter.

Generell geht es hier draußen noch chaotischer zu als drinnen. Männer, Frauen und Kinder drücken sich entlang an verkeilten Kleinwagen, sich gegenseitig blockierenden Familienkutschen und an in dritter und vierter Reihe einfach stehengelassenen Kombis und Kleintransportern. Wie zur Rushhour in Bangkok kommt die Blechlawine kaum noch vor und zurück. Das aggressive Schnauben im Leerlauf durchgedrückter Gaspedale und wütendes Hupen befeuern die drohenden Gesten der sich um die verbliebenen freien Parklücken reißenden Fahrerinnen und Fahrer, die in ihren Cockpits auf und ab hüpfen wie in Gummizellen.

Unsicher, wie wir unsere Einkäufe unversehrt bis zu unserem Auto bringen sollen, schauen wir uns um. Der kleine Opel Corsa meiner Mutter steht in Abschnitt B, ganz außen links hinter den Fahrradständern, nicht einmal 30 Meter Luftlinie vom Ausgang und unserem Standort entfernt. Ein paar Schritte. Ein Katzensprung. Eine viel zu kurze Strecke, um Zeit zu verschwenden und den Fußgängerweg um die sich eng an eng im Schneckentempo bewegenden Fahrzeuge herum zu nehmen. Schon entdecke ich eine Lücke zwischen den Pkw. Elegant drehe ich einen der Einkaufswagen vor mich und ziehe den zweiten schwungvoll hinter mir her, um mich geschickt zwischen einem schwarzen Audi A4 und einem alten, jägergrünen Jaguar XJ6 durchzuschlängeln. Klasse, Bastian! Hat fast etwas Choreographisches. Anmutig. Eine einzige, fließende Bewegung. Volle Punktzahl in der B-Note. Das «Basti, pass auf!» meiner Mutter übertönt das kreischende Geräusch, das ein schwungvoll an einer Autotür entlangschrammender Einkaufwagen macht und in etwa wie Fingernägel auf Schiefertafel klingt, nur um ein paar Dezibel lauter.

«Shit!» Was passiert ist, weiß ich noch, bevor ich mich umdrehe. Wie Bärenkrallen hat sich das Gitter meines hinteren Einkaufswagens gut 30 Zentimeter lang tief in die Lackierung der Fahrerseite des Jaguar gekratzt. Drei scharfkantige Rillen durchziehen das Grün des liebevoll gepflegten Sammlerstücks. Das sieht nicht gut aus. Wäre das Fahrzeug ein Mensch, hätten wir es mit einer klaffenden Fleischwunde zu tun. Druckverband und 55 Stiche Minimum. Erschrocken glotze ich durch die Glasscheibe des Autofensters in das Wageninnere, direkt in das mich anstarrende Gesicht des Jaguar-Fahrers, eines breitschultrigen Herrn Ende 50 in klassisch-elegantem Wintermantel, der außer weit aufgerissenen Augen keinerlei Regung zeigt. Sofort keimt Hoffnung in mir: Vielleicht war ich das mit dem Kratzer ja gar nicht. Vielleicht ist meine Panik völlig unbegründet. Vielleicht war der Schaden schon vorher am Fahrzeug und dem Fahrer längst bekannt. Oder vielleicht ist das, was er mir nach seiner kurzen Schockstarre mit wutverzerrten Zügen durch die seine Worte abdämpfende Scheibe entgegenbrüllt, nur die Beschwichtigung, dass ich mir keine Sorgen wegen des Kratzerchens zu machen brauche und dass ja alles noch mal gutgegangen sei. Vielleicht. Hoffentlich. Allerdings leider ziemlich unwahrscheinlich.

Ohne geübter Lippenleser zu sein, kann ich seinen Mundbewegungen recht zweifelsfrei die Worte «Volltrottel», «Schadensersatz» und «Haschischverkicherung» entnehmen – wobei das Letzte vielleicht auch «Haftpflichtversicherung» geheißen haben könnte.

Viel erschrockener als über die Folgen meiner Ungeschicktheit und die Reaktion des Fahrers bin ich allerdings, als ich erkenne, wer da neben dem tobenden Mantelträger auf dem Beifahrersitz des Oldtimers sitzt und die Kapuze der Winterjacke bis über die schlanke Hornbrille gezogen hat.

Auf dem Beifahrersitz sitzt: Karina, meine Freundin.

2. Kapitel

ERWARTUNGSHALTUNGEN

Wie lange Karina und ich zusammen sind, können wir beide nicht auf den Tag genau festlegen. Also richtig zusammen. Nicht nur: Wir haben zwar mit niemand anderem Sex, aber deine Bad- und Kosmetikutensilien verteilst du bitte noch nicht in meiner Wohnung. So zusammen, dass meine Mutter es als «miteinander gehen» bezeichnen würde. Ein paar Monate, würde ich sagen. Wir wurden enger und enger, bis wir irgendwann nicht mehr auseinanderkamen. Aktueller Status: Fernbeziehung.

Kennengelernt haben wir uns vergangenes Weihnachten, genauer gesagt am Abend vor Heiligabend im Hirschwirt beim jährlichen vorweihnachtlichen Homecoming-Get-Together-Umtrunk, dem traditionellen Treffen, an dem sich alle Weggezogenen und Dagebliebenen des Städtchens im örtlichen Gasthaus zusammenfinden, um zu sehen und zu vergleichen, wer auf seinem Lebensweg welche Abzweigung genommen hat, wer von wem schwanger ist und wer wie viel anders aussieht als auf seinem Facebook-Profilbild. Um noch genauer zu sein, hatten Karina und ich uns auch da schon von der Schule gekannt – sie war zwei Jahrgangsstufen unter mir gewesen –, was mir aber erst etwa zur Hälfte unseres Umtrunk-Gesprächs wieder eingefallen war.

Karina lebt wie mein Bruder und seine kleine Familie in München, wo sie als Radioredakteurin bei einem überregionalen Privatsender arbeitet. Kein Traumjob, aber der Arbeitsaufwand hält sich in Grenzen, und das Gehalt reicht für ein Anderthalb-Zimmer-Apartment in Maxvorstadt.

Gefunkt hat es schon am Abend unseres zweiten Kennenlernens im Hirschwirt, und die folgenden Tage war kaum eine Stunde vergangen, in der wir uns nicht via WhatsApp über die Weihnachtsereignisse bei unseren Familien ausgetauscht hatten. Wiedergesehen haben Karina und ich uns dann – wie gegenseitig im Gasthaus nach etlichen Schierbecker-Pils und Shots versprochen – eine Woche später an Silvester in Köln, wo sie mich besuchen gekommen war.

Silvester vor einem Jahr.

«Schuhe ausziehen, oder?» Karina stand, ein bisschen außer Atem, klatschnass vom rheinländischen Dezember-Schnurrregen im Türrahmen zu meiner Wohnung, ihren Rollkoffer, den sie mich nicht die Treppe in den vierten Stock hatte hinauftragen lassen, neben sich.

«Eigentlich schon aus, ja», antwortete ich, Herzschlag bis zum Hals, schlüpfte aus meinen Stiefeln und führte sie vom winzigen Garderoben-Vorraum ins Wohnzimmer. «Ist gerade frisch gewischt.» Ich hatte mich nochmals zu ihr umgedreht, um meine «Keine-Schuhe-Policy» zu rechtfertigen. «Also, nicht, dass ich nur geputzt hätte, weil du vorbeikommen wolltest, haha», schob ich schnell, fahrig lachend, hinterher, um nicht den Eindruck aufkommen zu lassen, ich sei ansonsten wahnsinnig unordentlich. «Ich wische, sauge und kehre sehr regelmäßig.» Hä? Keine Ahnung, warum ich das noch angefügt hatte. Ich war offenbar nervöser, als ich mir selbst eingestehen wollte. Regelmäßig die eigenen vier Wände zu säubern, war etwas Selbstverständliches und bedurfte keiner besonderen Erwähnung, Bastian. Außer natürlich, man war ein Reinheits-Freak und wollte extra unterstreichen, dass man nur ab und zu, in völlig gängigen Abständen zu Mopp und Putzlappen griff, um vom eigenen, zwanghaften Putzwahn abzulenken. Ich fing an zu schwitzen. Niemand wollte einen Psycho mit Putzfimmel! «Aber nicht, dass du mich jetzt für einen zwanghaften Sauberkeits-Fanatiker hältst», machte ich alles nur noch schlimmer. «Mein Verhältnis zu Hygiene ist völlig gesund.» Völlig gesund?! Wtf? Es gab nur eine Sorte von Leuten, die betonte, dass sie völlig gesund war. Und zwar die Sorte, die es eben nicht war. Mein Atem ging schwer. Vor meinem inneren Auge sah ich Karina schon fluchtartig meine Behausung verlassen. Ich trat näher an sie heran. «Ich habe kein Problem. Ehrlich, Karina! Ich bin nicht krank! Weißt du was: Lass die Schuhe einfach an.»

«Alles gut, Basti. Mach dich mal 'n bisschen locker. Schön hast du es hier», unterbrach sie mich und lächelte mir zu. «Wohnlich. Gefällt mir. Wo kann ich meine Sachen denn abstellen?»

Ich hatte mich wieder etwas gefangen: «Ähm, also, ich würde auf der Couch schlafen, und du könntest mein Bett haben, wenn du willst. Am besten packst du dein Gepäck einfach ins Schlafzimmer.»

«Das da ist deine Couch, nehme ich an?» Karina deutete in die Ecke am Fenster.

«Exakt.»

«Und auf der willst du schlafen?»

«Correctamundo.» Correctamundo?! Gedanklicher Face Palm. Was war nur los mit mir?

«Wie groß bist du, Bastian?»

«Hm, etwa eins fünfundachtzig.» Eins vierundachtzig.

«Und wie breit ist die Couch?»

«Vielleicht so eins vierzig?» Eher so eins dreißig. IKEA. Zweisitzer mit blauem Bezug. Im linken Polster konnte man gut eine deutlich eingesessene Kuhle, die etwa 150 komplette Serienstaffeln tief sein musste, erkennen.

«Denkst du nicht, dass das vielleicht ein bisschen unbequem werden könnte heute Nacht? Und ich würde ja vielleicht sogar ein paar Tage länger bleiben, wenn du mich lässt.» Karina hatte ihren Schal und ihre Mütze auf dem Wohnzimmertisch abgelegt und begutachtete das Sofa kritisch. Ihre Brille hatte sie ebenfalls abgenommen, um die beschlagenen Gläser mit einem Mikrofasertuch zu reinigen. Ihre blonden Haare waren wieder zu diesem strengen Zopf gebunden, der mich schon im Hirschwirt ziemlich aus der Fassung gebracht hatte.

Ich kratzte mich am Hinterkopf und erwiderte: «Ach, das wird schon gehen. Zur Not habe ich auch noch einen Schlafsack. Damit kann ich mich auch hier auf den Teppich legen.» Heldenhaft, Bastian. Wahrlich heldenhaft.

«Wie groß ist denn dein Bett?», wollte Karina wissen und spähte durch die Wohnzimmertür, die an der Küche vorbei zum Schlafzimmer führte.

«Mein Bett? Größer. Keine Angst, da passt du schon rein.»

«Ja, ich meinte ja auch eher, ob wir da zu zweit reinpassen.» Okay. Wie reagierte man da jetzt am coolsten? Karina hatte meinen Gesichtsausdruck, der ziemlich identisch mit dem

Emoji mit den aufgerissenen Augen sein musste, bemerkt und verdreht jetzt ihrerseits die Augen: «Ach, komm, guck nicht wie Özil. Ich meine das so, wie das erwachsene Menschen halt meinen.»

«Erwachsen? Im Kopf bin ich zwölf.»

«Mein Gott, Basti!» Sie streifte, die Finger wie zufällig über meinen Unterarm fahrend, an mir vorbei. «Du kannst ja ganz außen am Bettrand im Schlafsack schlafen, oder du gibst mir einfach eine Wolldecke oder so. Kriegen wir schon hin. Hättest du vielleicht ein Glas Wasser für mich? Und magst du mir vielleicht mal den Rest deiner Wohnung zeigen?» Ich mochte. Viel zu zeigen gab es allerdings nicht. Die Wohnung sah damals aus wie heute: Wohnzimmer mit Couch, Fernseher, Bücherregal und kleinem Schreibtisch. Küche mit Herd, Küchentisch mit drei alten, aus der Haushaltsauflösung meiner verstorbenen Großmutter übriggebliebenen Stühlen, Kühlschrank und Gefriertruhe mit Energieeffizienzklasse Z, die wohl der alleinige Grund dafür ist, dass Deutschland immer noch nicht alle Atomkraftwerke vom Netz genommen hat. Ein paar Bilder vom Flohmarkt hängen an den Wänden. Eine Musikanlage mit Plattenspieler und WLAN-Connection steht auf zusammengezimmerten Brettern. Trotz der einfachen, fast kargen Ausstattung könnte man die Wohnung als gemütlich bezeichnen. Die Fenster sind groß, fast bodentief, und die dicken Mauern schirmen ab gegen polternde Nachbarn und wummernden Straßenlärm. Die schweren Vorhänge im Schlafzimmer verstärken dieses Gefühl von Geschütztheit, der Zwei-Quadratmeter-Balkon zum Innenhof lässt einen auf Höhe des Wipfels einer kräftigen Linde durchatmen.

Karina fühlte sich sichtlich wohl, was mir ein wenig half,

meine Nervosität abzulegen und wenigstens wieder ansatzweise ich selbst zu sein.

Nachdem sie ihr Wasser geleert und ich die Wohnungsführung beendet hatte, holte ich uns zwei Bier aus dem Gemüsefach, und wir setzten uns in die Küche.

«Eigentlich ist Silvester scheiße, oder, Bastian?» Karina wog ihr Gaffel in der Hand und studierte das Etikett auf der Rückseite. Die Flasche war eiskalt, und am braunen Glas hatte sich ein zarter Tropfenfilm gebildet, den sie mit dem Handballen zu verwischen begonnen hatte.

«Diese Erwartungshaltung ist halt komisch, ja. Geht mir auch jedes Jahr so.» Ich stand nochmals auf und ging zum Küchenschrank. «Warte, bevor du trinkst: Hier, so ist es stilechter.» Ich stellte zwei 0,2-Kölsch-Gläser auf den Tisch, setzte mich wieder und schenkte mir ein.

Karina ließ den Inhalt ihrer Flasche ebenfalls an der Glaswand entlang in die gekippte Stange laufen und nickte zufrieden über die gelungene Schaumkrone. «Hat fast was von einem Reagenzglas. Und schmeckt das daraus jetzt besser? Kölsch hat ja leider keinen so megaguten Ruf. Und meine Erwartungshaltung ist jetzt natürlich getriggert.» Sie hielt das Glas in der Hand, die Ellbogen auf die Tischkante gestützt.

«Ich mag Kölsch inzwischen ganz gerne. Auch als gebürtiger Bayer. Ist süffig», gab ich zurück.

«Na dann: Cheers. Auf was trinken wir?»

«Erwartungshaltungen?»

«Passt.» Sie drückte ihr Bierglas gegen meines, unsere Augen touchierten sich schüchtern, und wir nahmen beide einen tiefen Schluck. «Hast du irgendwas geplant für heute Abend? Steht das mit der Party bei deiner Kollegin noch?»

«Können wir ja gleich mal reden. Wie spät haben wir es denn jetzt? Fünf oder so?» Ich goss mir nach, und Karina tat es mir gleich.

«Kurz vor fünf, ja. Ey, das schmeckt halt wirklich gut. Erwartungshaltung: übertroffen.» Sie nahm direkt noch einen Zug und wischte sich den Schaum von der Oberlippe.

«Siehste? Aber vermutlich auch, weil die nicht sonderlich hoch war. Also, es gibt zwei, drei Optionen für heute Abend. Aber erst mal: Hast du denn schon was gegessen?»

«Gefrühstückt. Und zwei Bananen im Zug.»

«Ist jetzt nicht die beste Grundlage für eine Silvesternacht.»

«Nope.»

«Sollen wir essen gehen? Was bestellen? Noch schnell was holen?» Ich setzte das Glas noch mal an.

«Ist man in Deutschland nicht gesetzlich dazu verpflichtet, an Silvester Raclette oder wenigstens Fondue zu machen?» Okay, das war funny. Leider ist der Mensch nicht dazu gemacht, gleichzeitig zu trinken und zu lachen. Um den prickelnden Gerstensaft nicht durch die Nase auf die Tischplatte zu spritzen, versuchte ich, den Mundvoll runterzuschlucken, was zu einem röchelnden Hustenanfall führte. Nicht sonderlich männlich, Bastian.

«Kommst du klar?» Karina sah mich mitleidig schmunzelnd an, und ich wischte mir die Husten-Tränen mit dem Ärmel meines Pullovers von den Wangen. «Krankenwagen?»

«Geht schon wieder.» Meine Stimme klang wie aus der Wick-Blau-Werbung. «Willst du wirklich Raclette machen?»

«Hättet du denn ein Raclette-... Gerät? Wie nennt man die Vorrichtung zum Raclettemachen?»

«Ich glaube auch einfach ‹Raclette›.»

«Clever. Und um deine Frage zu beantworten: Nein, will ich nicht. Aber kochen könnten wir doch irgendwas.»

Ich dachte kurz nach und zählte den Nicht-Bier-Inhalt meines Kühlschranks und Tiefkühlfaches auf: «Ich hätte Hack, Tomaten, passierte Tomaten und Nudeln. Und Tomatenmark.»

«Willst du kurz auf Chefkoch.de gehen oder einfach einen improvisierten Gerichtvorschlag machen?», funkelte Karina mich verschmitzt an und trank vom Kölschen.

«Dann sag ich: Sauerbraten.» Jetzt hatte sie ihrerseits glucksend damit zu kämpfen, dass Lachen mit biervollem Mund ein Problem darstellt. Eins, eins. «Kommst du klar?», äffte ich ihren Ton von vor ein paar Augenblicken nach und klopfte ihr über den Tisch gebeugt auf die Schulter. «Also Spaghetti Bolo?»

Karina nickte, atmete durch die Nase ein und drückte das Bier, immer noch gepresst giggelnd, durch die Kehle.

«Puh. Vielleicht sollten wir ab sofort vereinbaren, den anderen schweigend trinken zu lassen? Sonst kannst du gleich wieder putzen. Aber, ja gerne Bolo. Wie machst du die? Mit Rotwein, nehme ich an?»

«Klar mit Rotwein. Mit Minimum einer halben Flasche. Und die andere Hälfte in die Soße.» Riesengag.

Karina schenkte mir, die Stirn runzelnd, ein Grinsen und schlug vor, direkt mit dem Kochen anzufangen: «Die Soße muss ja schon so ihre Zeit ziehen und köcheln. Und zu spät sollten wir wahrscheinlich auch nicht los, oder? Was wollen wir denn jetzt eigentlich machen?»

Ich erhob mich wieder, um die Zutaten für unser Menü aus dem Kühlschrank und der Gemüseschale zu holen. Karina durchkramte meine Schränke auf der Suche nach Messern und Schneidebrettern. «Kannst du die Zwiebeln schneiden, Bastian? Ich hasse den Geruch von rohen Zwiebeln an den Fingern. Das geht bei mir immer Tage nicht weg.»

«Klar, kann ich. Waschen hilft übrigens super, wenn man merkt, dass ein Geruch nicht von alleine weggeht. In hartnäckigen Fällen sogar mit Seife.» Eine Gagsalve nach der anderen, Bastian.

«Du bist so eine Spaßrakete. Keine Ahnung, das ist vielleicht einfach Einbildung. Ich mag das halt nicht. So oder so: Ich brate schon mal das Hack an. Hast du Öl?»

«Butter.»

«Umso besser.» Sie schnitt eine dicke Butterkante vom Block und warf sie in die Pfanne. Als das sämige Stück zu schmelzen begann, schaltete sie auf mittlere Hitze und ließ das rosige Gemischte zischend auf die Teflonfläche gleiten. Der Geruch ließ mir das Wasser im Mund zusammenlaufen. Leider war das nicht das Einzige, was bei mir zu laufen begonnen hatte. Schon nach dem Teilen der Zwiebelknolle waren mir die Tränen in die Augen geschossen wie einem Teenager-Mädchen beim Ende von *Titanic*. Während ich im Blindflug um meine Finger herumhackte, zog Karina geschickt die Haut von den Kirschtomaten, viertelte diese anschließend und gab die Stückchen vorsichtig zu dem brutzelnden Fleisch. «Hast du Salz, oder sollen wir einfach mit deinen Tränen würzen?» Sie knuffte mir in die Seite und reichte mir ein Küchentuch.

«Danke. Ey, so muss sich das anfühlen, wenn man beim G20-Gipfel als Demonstrant auf eine Hundertschaft der Polizei trifft.» Ich tupfte mir mit der einen Hand über die Lider und hielt mich mit der anderen an der Küchenplatte fest.

Karina hatte mir das Brett abgenommen und kippte meine Zwiebelspäne in die Mitte der Pfanne.

«Basti, sag mal, passt mit deiner Familie eigentlich wieder alles? Mit deinem Bruder?»

«Alles irgendwie okay, ja. Wir reden immer nicht so wahnsinnig viel über so was. War schon immer so.»

«Aber das ist ja schon krass. Wie lange warst du mit deiner Exfreundin zusammen?»

«Länger.»

«Und jetzt ist sie mit deinem Bruder ...»

«Jap ... Der ist einfach die bessere Partie.»

«Alter.»

«Rotwein?»

«Gerne! Brauchen wir eh gleich zum Aufgießen.»

Während die Soße vor sich hinköchelte und wir immer wieder Wein abwechselnd in den Topf und in bauchige Gläser schütteten, wurde es stiller in der Wohnung. Unsere Aufgeregtheit hatte sich gelegt. Das Aufgekratzte wich einer entspannten Vertrautheit, wie ich sie lange nicht gespürt hatte. Karina war noch keine vier Stunden da, und ich konnte mir nicht vorstellen, dass sie jemals wieder gehen würde.

Jeder von uns aß zwei Portionen. Wir hatten beschlossen, bei meiner Kollegin Nesrin, mit der ich mir in der Agentur einen Doppelschreibtisch und eine Vollzeitstelle im Graphik-Department teile, im Stadtteil Kalk ins neue Jahr zu feiern.

«Wie spät haben wir es denn jetzt?» Karina hatte ihre Füße auf den dritten Küchenstuhl gelegt. Ich stand am Waschbecken und ließ lauwarmes Wasser und Spülmittel über die leergekratzten Teller laufen.

«Kurz vor neun. Wenn wir um spätestens halb elf bei Nesrin sein wollen, müssten wir uns langsam fertig machen. Ich habe auch keine Ahnung, wie regelmäßig die Bahnen fahren und wie überfüllt alles ist. Sehr, nehme ich an. Auch keine Garantie, dass das bei Nesrin gut wird. Aber sie ist nett.»

«Nett, aha.» Karina funkelte mich angriffslustig an.

Ich hatte fertiggespült und setzte mich wieder zu ihr an den Tisch. «Ja, nett. Und sie hat einen Freund, also guck nicht so.»

«Ah, das hast du also schon ausgekundschaftet?» Noch mehr Funkeln und noch mehr schelmische Angriffslust.

«Mein Gott, worüber man halt so redet im Büro. Ich kenn den nicht, aber sie wohnen wohl schon eine Zeit zusammen. Willst du mich verkuppeln?», ging ich zum Gegenangriff über.

«Ich zieh dich doch nur auf», bleckte sie die Zähne. «Was sind denn da sonst so für Leute?»

«Ein paar aus der Arbeit, die ich mag. Sonst weiß ich das ehrlich gesagt auch nicht. Aber mir ist so eine Wohnungsparty auf alle Fälle lieber, als in einem überfüllten Club rumzustehen.»

«Wenn man überhaupt reinkommt. Rufen dich deine Eltern eigentlich auch immer um zwölf Uhr an, um dir ein frohes neues Jahr zu wünschen?»

«Immer.»

«Und verstehst du dann auch immer nur die Hälfte, weil es bei ihnen und bei dir im Hintergrund – eigentlich überraschend um null Uhr an Silvester – wahnsinnig laut ist?»

«Jedes Mal. Eigentlich schreit man sich nur gegenseitig ins Telefon, dass man morgen in Ruhe telefonieren will. Und alle Beteiligten tun immer nüchtern. Und irgendein Partygast brüllt immer irgendwas Obszönes, Unangenehmes ins Handy, das man seiner Mutter dann erklären muss, was die aber aufgrund des Lärmpegels natürlich eh nicht versteht.»

«So großartig. Ich zähle schon die Minuten, Bastian.»

«Was hast du deinen Eltern eigentlich erzählt, wen du besuchen fährst?»

«Einen neuen Freund.»

«Und das war okay für die?»

«Na ja, ich bin erwachsen.»

«Stimmt. Merkt man nicht immer, aber stimmt.»

«Na, da redet der Richtige.»

«Verstehst du dich gut mit deinen Eltern?»

«Meistens schon.» Die Weinflasche war fast leer, und ich hatte uns zur Abwechslung Wasser eingeschenkt. Karina nestelte an den Kordeln ihres Pullovers und sprach weiter: «Meine Eltern sind, sagen wir, nicht ganz einfach. Aber ich liebe sie wirklich über alles. Erzähl ich dir später mal, sonst kommen wir gar nicht mehr los. Willst du zuerst ins Bad? Ich würde auch gerne noch duschen, bevor wir gehen.»

60 Minuten später hatten wir in unsere Winterjacken eingepackt an der Straßenbahnstation gestanden – zwei Wegbier in den Handschuh-Händen und uns einen Regenschirm teilend – und auf die Bahn gewartet. Eigentlich kein schlechter Ausgangspunkt für sämtliche Erwartungshaltungen.

3. Kapitel

EINFACH NUR UNANGENEHM

Zwei Tage bis Heiligabend

Was für ein unangenehmer Typ. Unfassbar!» Meine Mutter, die, wenn sie nicht gerade einen Einkaufswagen lenkt, eine ausgemachte Defensivfahrerin ist und normalerweise kaum den zweistelligen Geschwindigkeitsbereich verlässt, sitzt am Steuer ihres Corsa und gibt dem Kleinwagen einen so heftigen Kick-down, dass es mich in meinen Sitz presst wie beim Start eines Düsenjets. So wütend habe ich sie lange nicht gesehen. Ihre Hände umklammern das Lenkrad, dass ihre Knöchel weiß hervortreten, ihre Arme sind angespannt, ihr Blick starr nach vorne gerichtet.

«Voll!», antworte ich einsilbig und schaue, besorgt den Halt meines Sicherheitsgurtes überprüfend, auf die zuckende Tachonadel.

Wir haben uns beide noch nicht davon erholt, was eben passiert ist. Ich muss dringend mit Karina sprechen. Insofern kommt es mir nicht ungelegen, dass meine Fahrerin die zehneinhalb Kilometer Asphalt bis zur nächsten Autobahnausfahrt und weiter bis zum Haus meiner Eltern mit Sebastian-Vettel-Antrieb zurückzulegen versucht. Allerdings will meine Mutter die eben ausgeschütteten Stresshormone offenbar mit weiterem Adrenalin überschwemmen. Sie heizt über die linke

Spur wie bei Mario Kart im Turbo-Boost-Modus, was die Verkleidung unseres Autos bei jedem Überholmanöver vibrieren lässt. Ich kann nur hoffen, dass aus keinem der Fahrzeuge vor uns eine Bananenschale geworfen wird.

«Du weißt, dass sich unser Bremsweg durch den vollen Kofferraum um einiges erhöht?», gebe ich mir Mühe, den röhrend hustenden Motor, der klingt wie der späte Helmut Schmidt nach einem Triathlon, zu übertönen. «Und ich glaube, dieses Opel-Modell hat auch nur einen Airbag. Und der ist auf der Fahrerseite. Und, Mama, die Knautschzone hier hat etwa Papierstärke. Vielleicht machst du 'n bisschen langsamer, hm?» Statt zu antworten, zieht meine Mutter etwa 200 Meter vor unserer Ausfahrt an einem Sattelschlepper vorbei, schert dann nach rechts, schneidet den wild die Lichthupe abfeuernden Truck und fährt von der A 93. Ohne das Tempo merklich zu verringern, brettert sie vom Zubringer durch den Kreisverkehr am Ortsteileingang, was unsere Körper etwa einer Belastung von 3 g aussetzt, und bremst erst ab, als sie die Einfahrt unseres kleinen Viertels passiert.

«So, geht langsam wieder. Was für ein Depp, oder? Hattest du eben was gesagt?» Ihre Gesichtszüge haben sich wieder etwas gelockert, und ihre Augen sind nicht mehr zu schmalen Schlitzen verengt.

«Nur, dass Ferrari angerufen hat, um dir einen Zweijahresvertrag anzubieten.»

«Oh Gott, entschuldige bitte. Ich bin ja eigentlich absolut keine Raserin. Mich hat das eben einfach wahnsinnig aufgeregt und ...»

«Na ja, so ganz unberechtigt war die Reaktion des Herrn ja nun auch nicht, muss man ehrlich zugeben», unterbreche ich Nicola Rosberg, als ich merke, dass ihr rechter Fuß wieder kurz davor ist, das Gaspedal zu malträtieren.

«Trotzdem muss der nicht gleich so ausflippen, finde ich. Wegen so eines Kratzerchens.»

«Na ja, Kratzerchen. Ein bisschen heftiger war das schon. Der Einkaufswagen ist da echt ziemlich an der Tür entlanggeschrammt. Sah ein bisschen aus, als hätte Wolverine angegriffen.»

«Vulva was?»

«Wolverine. Ist eine Comicfigur. Auch völlig egal. Ist total kacke, aber ich bezahl das ja.» Muss ich auch. Eine Haftpflichtversicherung habe ich nicht.

«Ja, darauf, dass du für den Schaden aufkommst, hat er ja auch unmissverständlich bestanden, der Herr, Herr ... Wie hieß er noch gleich?» Meine Mutter zieht die Augenbrauen zusammen.

«Luger. Wie die Pistole.»

«Stimmt, hat er gesagt. Oder vielmehr gebrüllt. Eberhard Luger, ‹WIE DIE PISTOLE›. Der ist doch nicht ganz normal, wenn du mich fragst, Bastian.»

«Vielleicht hat er ein kleines Temperamentsproblem, ja.»

«Ein kleines Temperamentsproblem, dass ich nicht lache. Komplett durchgedreht ist der. Einfach nur unangenehm. Dabei sah die junge Frau auf dem Beifahrersitz so nett aus.»

«Die ist mir gar nicht so aufgefallen.» Ich schüttle in oscarreifer Meisterleistung den Kopf und lege die Stirn, als würde ich in meinem Gedächtnis wühlen, in Falten.

Als Karina bemerkt hatte, wen ihr Vater da gerade so anging, war sie noch weiter in ihrer Jacke und ihrem Sitz verschwunden, und ich hatte die Scharade mitgespielt. Stillschweigend und einvernehmlich hatten wir beschlossen, dass dies weder die Zeit noch der Ort, noch die richtigen Umstände waren, mich ihrem Vater als neuen Mann an ihrer Seite zu präsentieren. Auch meine Mutter wollte ich in diesem Moment nicht vor vollendete Tatsachen stellen. So wie auch jetzt nicht.

Eigentlich hatte ich vorgehabt, ihr im Vieraugengespräch auf der Rückfahrt im Auto zu beichten, dass – und vor allem warum – ich die Bescherung nicht zu Hause verbringen würde. Doch diesen Plan hat der Parkplatzzwischenfall pulverisiert. Timing ist das alles Entscheidende beim Überbringen von Hiobsbotschaften. Und jetzt ist es timingmäßig das Beste, das Gespräch über Karina und meine Terminmisere an Heiligabend noch etwas rauszuschieben. Eine bessere Gelegenheit als jetzt wird sich mit Sicherheit noch ergeben. Und mit Sicherheit wird auch Pistolen-Luger wieder abkühlen. Und mit absoluter Sicherheit werden wir bald alle herzhaft über den unglücklichen Vorfall lachen können. «Hahahahaha, wisst ihr noch ... köstlich ...» Immerhin ist Weihnachten die Zeit der Wunder.

«Ich hatte kurzzeitig Angst, dass dem Luger die Halsschlagader platzt», macht meine Mutter die international gültige Gebärdensprachengeste für «dicker Hals» und fährt von der Hauptstraße ab.

«Dabei müsste der als Richter doch eigentlich besser mit Stress umgehen können», nicke ich und bemerke direkt den fragenden Blick meiner Fahrerin.

«Richter? Woher weißt du, dass der Kerl Richter ist?»

«Was?» Mist. Das war ungeschickt. Karina hatte mir inzwischen natürlich einiges über ihre «nicht ganz einfache» Familie erzählt: Ihre Eltern sind beide Kinder der alternativen

68er-Generation, wobei die Auswirkungen des Geistes dieser Zeit bei Karinas Vater und Mutter nicht unterschiedlicher hätten sein können. Karinas Mutter, Susa, hatte diesen Geist und das Lebensgefühl der Hippies, vermischt mit dem Wunsch nach Veränderung und Aufbegehren der APO, von klein an in sich aufgesogen. Sie hatte erst mit ihren Eltern auf einem ausgebauten Bauernhof, später – während der Studienzeit – in einer Kommune in Hamburg gelebt, um Anfang der 80er in eine geduldete Bauwagensiedlung am Rand von München zu ziehen. Als diese dank Gemüse-, Getreide- und Obstanbaus völlig autark lebende Siedlung nach Verkauf der besetzten Ländereien an einen Großinvestor geräumt werden sollte, hatte Karinas Mutter die Reifen mehrerer Polizeiautos zerstochen und die Villa des neuen Grundstückseigentümers mit Farbbeuteln beworfen. Friede dem Wellblech, Krieg den Palästen! Ihren späteren Ehemann Eberhard hatte Susa dann bei der auf diese Aktion folgenden Gerichtsverhandlung kennengelernt: Eberhard Luger, der zu dieser Zeit noch junger Staatsanwalt war, führte die Anklage gegen sie und zwei Mittäterinnen.

Mit Kommunen-Leben und Gesetzesbruch hatte Karinas Vater Eberhard noch nie etwas anfangen können. Zwar pflegten seine Eltern zunächst eine ähnliche Lebensweise wie die seiner Frau, rutschten dann jedoch sozial stark ab. Dazu kam, dass sie mit der Verantwortung für ein Kind völlig überfordert waren. Lugers frühe Kindheitserinnerungen sind geprägt von Bildern des Alleingelassenseins, der Hilflosigkeit und des Ekels. Fremde Gesichter, kalte Wohnbaracken und Schmutz. Als schließlich das Jugendamt aufmerksam wurde, nahm Eberhards Großvater, der verwitwete Vater seiner Mutter – selbst Richter –, den Jungen bei sich auf und schenkte ihm ein neues Zuhause mit großem Herz und strengen Regeln. Regeln, die von Eberhard nicht als einengend, sondern als Befreiung empfunden wurden. In diesen klaren Strukturen konnte er das erste Mal aufatmen: Ordnung war das ganze Leben. Sein Großvater, der ihm die Werte von ehrlicher Arbeit, Fleiß und Gerechtigkeit vermittelte, wurde zu seiner wichtigsten Bezugsperson. Nach Abitur und Wehrdienst war das Jurastudium für den jungen Eberhard die einzig logische Konsequenz gewesen.

Der Großvater unterstützte ihn und übernahm mehr und mehr die Rolle des Mentors. Ein untrennbares Band entstand. Über seine Pensionierung bis hin zu seinem Tod – er schlief kurz nach Lugers erfolgreich bestandenem zweiten Staatsexamen friedlich ein – blieb der alte Richter Lugers Vorbild, bester Freund und Vaterersatz.

Bis dahin war die Grundlage alles Guten, was Eberhard Luger jemals widerfahren war, die Struktur. Die alles Schlechten waren Chaos und Verantwortungslosigkeit. Es herrschte eine klare Trennung.

Das änderte sich mit Beginn von Lugers Arbeit als Staatsanwalt, für ihn vom ersten Tag an ein Kampf gegen Windmühlen. Statt Befriedigung darin zu finden, für die Ordnung zu stehen, zog ihn der tägliche Umgang mit Kleinkriminellen, Straftätern und Verbrechern richtiggehend runter. Plötzlich fiel es ihm schwer, wahrzunehmen, dass es außer dem «Bodensatz der Gesellschaft» auch noch anderes gab. Dazu kamen einige, seinem Empfinden nach, viel zu nachsichtige Urteile und Freisprüche. Lugers Schaffen frustrierte ihn. Mit diesem Frust kam die Wut und mit der Wut die Entscheidung, selbst die Richterlaufbahn einzuschlagen, um das Gesetz in seiner vollen Härte anwenden zu können. Heute fällt Eberhard Luger Urteil um Urteil ohne Milde und ohne sich von noch so vermeintlich herzerweichenden Ausflüchten der Angeklagten weichkochen zu lassen.

Karinas Theorie, wie ihre Eltern trotz der krassen Unterschiede zueinanderfinden konnten, ist, dass ihr Vater unbewusst immer ein Stück Chaos zum Ausgleich in seinem Leben braucht und auf der anderen Seite ihre Mutter die Ordnung in ihrem. Beide erkannten ihre große Liebe in der Sekunde, in der sie sich im Gerichtssaal sahen. Eberhard sah plötzlich dort etwas Gutes, wo er es am wenigsten vermutet hätte. Eine Irritation, die so gar nicht in sein festgefahrenes Weltbild passte. Susa wiederum beeindruckten seine Prinzipientreue, sein Selbstbewusstsein und seine Unnachgiebigkeit, die sie an ihren eigenen starken Gerechtigkeitssinn erinnerte, was sie schließlich dazu bewegte, sich auf die Beziehung mit dem immer wütenden Mann einzulassen.

Gegensätze ziehen sich an, Plus Minus, das Positive das Negative.

Auf Familienfeiern der Familie Luger ist es seit jeher ein häufig zitierter Running Gag, dass Eberhard für seine Susa damals «direkt lebenslänglich ohne Bewährung» durchgesetzt hatte. Und ein anderes geflügeltes Wort auf diesen Festen lautet, dass es die beiden nur so lange schon miteinander aushalten, weil Eberhard Susas erstes Versuchskaninchen für ihren heutigen Beruf war – Karinas Mutter arbeitet als freiberufliche Hypnotiseurin.

«Wie kommst du darauf, dass der Kerl Richter ist?», hakt meine Mutter nochmals nach und reißt mich aus meinen Gedanken.

«Ach so, ja, Ich hab den eben gegoogelt», ziehe ich eine kleine Notlüge und bemühe mich, das Thema zu wechseln: «Hast du von Opa Georg und Lisbet eigentlich noch mal was gehört, Mama?»

«Nein. Nichts. Die haben echt Nerven, die zwei, oder? Ein bisschen Sorgen mache ich mir ja doch. Vielleicht haben sie sich bei Papa gemeldet, während wir weg waren.» Dann, nach kurzer Pause: «Gegoogelt, hm? Hast du denn noch was über diesen Wahnsinnigen herausgefunden? Wobei, weißt du was, Bastian: eigentlich egal. Der lässt den Schaden reparieren, das wird beglichen, und wir müssen mit diesem Verrückten nie wieder etwas zu tun haben. Das soll uns doch nicht die Weihnachtszeit versauen, oder?» Liebevoll streicht meine Mutter mir über den Kopf, und ich habe einen Kloß im Hals.

Wir fahren vorbei an dem baufälligen Sportheim des örtlichen Fußballvereins, der dazugehörigen, ebenso baufälligen Gaststätte, vorbei an der Bäckerei und biegen schließlich ein in den Klettenburgweg, die kleine, von je vier Häuschen gesäumte Straße, in der ich aufgewachsen bin. Vor der Nummer 3 hält meine Mutter, lässt mich aussteigen und parkt den Corsa am hellbraunen Holzzaun des Vorgartens. Ich öffne den Kofferraum, trage nacheinander die Klappkisten, Getränkekästen und Körbe in den Vorraum zur Diele, und nachdem ich alle Einkäufe in der Vorratskammer und im Keller verstaut habe, klopfe ich an der Tür zum Arbeitszimmer meines Vaters.

«Ja?»

Ich betrete das kleine Büro, in dem ich jedes Mal das Gefühl habe, gleich Latein-Vokabeln, die ich nicht gelernt habe, abgefragt zu werden, und lasse mich auf einen Stuhl neben einem Bücherregal fallen. Meine Mutter lehnt neben einem

Aktenschrank, mein Vater sitzt in seinem Schreibtischsessel und war bis eben offenbar immer noch in die Umstrukturierung der Excel-Tabelle mit der Badplanung für die nächsten Tage vertieft.

«Die Mama hat mir schon erzählt, was passiert ist, Bastian. Ist natürlich nicht so gut.» Von «Warum passt du denn nicht besser auf?» über «Wieso hast du eigentlich nicht längst mit unserem Versicherungsberater, von dem ich dir extra die Telefonnummer rausgesucht habe, über den Abschluss einer Haftpflicht-Police gesprochen?» bis «Stress dich nicht, es ist ja niemand gestorben» liegt alles in diesen zwei Sätzen. Ich blicke schuldbewusst zu Boden und spüre, wie in meiner Hosentasche mein iPhone mit einer neuen WhatsApp-Nachricht vibriert.

«Du hättest den Kerl erleben müssen, Walter. Wie tollwütig, dieser Luger.»

Meine Mutter legt ihre Hand auf die Schulter ihres Mannes, und dieser tätschelt sie zärtlich und erwidert: «Brigitte, solche Typen gibt es einfach. Eberhard Luger sagt ihr? Das ist aber jetzt nicht dieser Richter?»

«Kennst du den, Papa?» Hauptsache, er kennt seine Tochter nicht.

«Man liest den Namen öfter in der Zeitung, ja. Niemand, mit dem man gerne einen Kaffee trinken würde. Na, warten wir mal ab.» Na stark. Ich ziehe mein Handy aus der Tasche, während mein Vater noch zwei Zahlen in seine Tabelle einträgt und schwungvoll die Entertaste drückt.

«Bist du durch mit deinem Plan?», will meine Mutter wissen und guckt auf den Computerbildschirm.

«Bis wir herausgefunden haben, ob die jetzt zu zweit, zu

dritt oder zu fünfzehnt kommen, habe ich jetzt mal verschiedene Varianten gemacht, ja.»

Ich entsperre mein Smartphone, um die eben eingetroffene WhatsApp-Nachricht zu lesen.

Karina schreibt: «What! The! Fuck?! Das war, sagen wir mal, suboptimal, oder?» Dazu das Augenverdrehsmiley-Emoji.

Ich antworte: «Hat dein Vater sich wieder beruhigt? Hast du ihm gesagt, dass wir uns kennen?!» Drei Traurigemundwinkelsmiley-Emojis.

Karina: «Nein. Und nein. Sorry, dass das so eskaliert ist.»

Ich: «Kannst du ja nichts dafür. Was machen wir?»

Sie: «Gleich mal kurz telefonieren, oder?»

«Bastian, ist das für dich okay?» Mein Vater wedelt mit einem frisch ausgedruckten, neuen Badplan vor meiner Nase rum und hat diese Frage offenbar eben schon einmal gestellt, ohne eine Antwort von mir bekommen zu haben.

«Äh, was? Ja, wird schon passen, danke», nicke ich, nehme den bunten Zettel und gehe nach oben in mein altes Zimmer.

Im ersten Stock hat sich einiges verändert, seit ich vor einem Jahr das letzte Mal hier war. Meine Eltern haben «renoviert». Konkret bedeutet das, dass mein altes Zimmer, das meine Eltern alibimäßig als «Hobbyraum» tituliert haben, aktuell zu einer Art XXL-Rumpelkammer umfunktioniert wurde. Wo bis vor kurzem – wie in einem richtigen Hobbyraum üblich – «nur» ein nie benutzter Heimtrainer, Kartons voller Aktenordner, Tüten voller aussortierter Klamotten und Bücherstapel gelagert wurden, kann man jetzt kaum mehr die Tür öffnen. Der Grund: Meine Eltern haben das Zimmer meines Bruders komplett ausgeräumt, seine verbliebenen Möbel und restlichen Habseligkeiten in mein Zimmer verfrachtet, um bei ihm parallel ein neues «Gästezimmer» einzurichten, mit Doppel- und Kinderbett. Ein Raum wie eine gesponserte Airbnb-Anzeige. Im alten Zimmer meines Bruders liegen jetzt auf frisch verlegtem Laminat zwei große, flauschige Teppiche. An den fliederfarben gestrichenen Wänden hängen gerahmte Drucke von Klimt und Gauguin. Eine moderne Pendeldeckenleuchte taucht den Raum in warmes Licht und scheint auf deckenhohe Eichenregale und Massivholzschränke. Hübsch. Während ich bei der kleinsten nächtlichen Erschütterung auf meiner Matratze von einer Hausratlawine begraben werde und nur noch hoffen kann, dass mich die Suchtrupps und Lawinenhunde schnell genug ausbuddeln können, relaxen «Gäste» meiner Eltern in einer Oase der Ruhe. Aber ein bisschen habe ich an dieser Entwicklung natürlich selber Schuld. Erstens besuche ich meine Eltern viel zu selten, und zweitens habe ich keinen Baby-Lenni. Von dem können meine Eltern nämlich nicht genug bekommen. Und so ist es nur logisch, dass sie alles dafür tun, dass mein Bruder Niklas und seine Frau Fine sich hier möglichst wohl fühlen, damit sie selbst möglichst viel Zeit mit dem kleinen Pausbackenknäuel verbringen können. Eiskaltes Kalkül.

Das letzte Mal gesehen habe ich meine Familie auf Niklas' und Fines Hochzeit. Das war im Frühjahr gewesen. Ein sehr schöner, aber auch ein sehr seltsamer Tag.

Denn nicht nur Karinas Familienverhältnisse sind ungewöhnlich. Ganz einfach ist es bei uns Kollingers auch nicht. Bevor Fine erst die Freundin meines Bruders, dann von ihm schwanger und schließlich seine Frau wurde, waren sie und ich ein Paar gewesen. Und zwar ziemlich lange. Mit gemeinsamer Wohnung und allem Drum und Dran. Getrennt hatten wir uns nach längerer Krise vor zwei Jahren, und nach fast zwölf Monaten Funkstille hatten wir uns ausgerechnet an Heiligabend bei meinen Eltern wiedergesehen – Fine als Niklas' neue Partnerin. Dieses Wiedersehen hatte ich zunächst als ziemlich unwirklich empfunden. Aber nur kurz. Denn Niklas passte phantastisch zu Fine. Und ich eben nicht.

Neue Nachricht von Karina: «Jetzt telefonieren?»

Statt zu antworten, wähle ich ihren Kontakt im Telefonbuch und rufe sie an. Sie hebt sofort ab.

«Meine Fresse, Basti», flüstert sie. «Warte, ich geh kurz ins Bad. Da kann uns niemand belauschen.» Ich höre, wie sie Treppenstufen steigt, eine Tür öffnet, diese schließt und den Schlüssel umdreht. «Nochmals sorry, dass mein Dad so ausgerastet ist. Wie geht's deiner Mum? Die war ja kreidebleich. Ich fand die übrigens gleich sympathisch.»

«Mhm, Karina, sie dich auch. Bei ihr passt's schon wieder. Sag mal, im Grunde war das doch alles halb so wild, oder?»

«Ja, fand ich eigentlich auch.»

«Warum ist dein Vater denn dann so an die Decke gegangen? Oder hatte er einfach nur 'nen schlechten Tag?»

«Eher ein schlechtes Leben.»

«Oh Gott.» Na, da habe ich ja mächtig Bock, Teil dieses Lebens werden zu müssen.

«Oh Mann, nein, so sollte das jetzt eigentlich gar nicht rüberkommen. Klingt schon ziemlich gemein, wenn man es laut ausspricht. Vergiss, dass ich das gesagt habe. Ich bin einfach genervt von seinen cholerischen Anfällen. Wie er sein kann, hab ich dir ja erzählt. Aber im Herzen ist er ein Guter. Wirklich.»

«Es gab sicher auch Leute, die das über Hitler gesagt haben.» Weltklasse Einwurf, Bastian. Kurzes Schweigen auf Karinas Seite.

«Bastian, hast du meinen Vater gerade mit Hit...?»

«Nein. Okay, ja. Sorry. Klingt schon ziemlich gemein, wenn man es laut ausspricht.»

«Mein Dad hat im Moment nur unfassbar viel Stress, und diese Scheißkarre ist halt sein Ein und Alles. Ein Erbstück von seinem Großvater, das ihn jeden Tag daran erinnert, wie viel Halt ihm der in seinem Leben gegeben hat.»

«Das auch noch.» Bitte das nicht auch noch.

«Er hat für morgen auch direkt einen Termin in der Oldtimer-Werkstatt vereinbart.»

«Am heiligen Sonntag?»

«Er kennt da irgendwie den Besitzer.»

«Natürlich tut er das.»

«Sei doch froh. Dann ist sicher schon wieder alles im Lot, wenn du bei uns vor der Tür stehst.»

«Hm.» Stimmt schon. Ganz wohl ist mir bei dieser Vorstellung trotzdem nicht. «Wie soll das denn werden, Heiligabend? Ich kann doch nicht einfach bei euch klingeln und so tun, als wäre nichts gewesen und als würden dein Vater und ich uns gerade das erste Mal sehen?»

«Eher nicht, nein. Ich fürchte, du musst einfach mit offenem Visier in die Höhle des Löwen.»

«Und du? Du kannst doch auch nicht einfach sagen, dass du unter Kurz-Amnesie leidest und dir total entfallen war, dass ich dein Freund bin.»

«Wahrscheinlich sollten wir einfach ehrlich sein. Das kommt bei meinen Eltern ohnehin am besten an.» Jetzt herrscht Schweigen auf meiner Seite. Ich will auf jeden Fall das tun, was bei Karinas Eltern am besten ankommt, doch im Kopf spiele ich schon das Szenario durch, wie Eberhard Luger mich stundenlang vom Öffnen der Haustür, beim Geschenkeauspacken, beim Festschmaus und während des Singens unter dem Weihnachtsbaum anbrüllt. Oh, du fröhliche.

«Einfach nicht so gut, dass wir mit uns so lange hinterm Berg gehalten haben, oder?»

«Toperkenntnis, Basti. Aber wer wollte denn bis auf den letzten Drücker warten, hm?»

«Ich weiß. War nicht so geschickt.» Karina hat widerlich oft recht. Hätte ich meiner Familie schon eher von ihr erzählt und sie vielleicht sogar vorgestellt, hätte ich jetzt einen Haufen Probleme weniger. Und hätte ich dem Drängen meiner Freundin, das jetzt in der nicht mehr auszuschlagenden Einladung ihrer Eltern gipfelt, nachgegeben, diese früher persönlich kennenzulernen, müsste ich mir jetzt nicht den Kopf zerbrechen, wie ich Karinas Vater an Heiligabend unter die Augen trete.

Dabei habe ich für das jeweilige Bekanntmachen einfach nur den optimalen Zeitpunkt abwarten wollen. Und Karina hat sich mir zuliebe auf mein Zaudern eingelassen. In meiner Traumvorstellung wären wir alle bei einem opulenten Picknick am See an einem strahlenden Sommertag zusammengekommen. Oder ich hätte für alle gekocht. Oder wir wären nach einem Überraschungsbesuch zusammen zum Wandern in die Berge gefahren. Doch nie hat sich die Gelegenheit für solch perfekte Voraussetzungen ergeben. Natürlich nicht. Trotzdem wäre jeder vertrödelte Zeitpunkt besser gewesen als der nun unausweichliche.

Was, wenn ich den Ansprüchen ihres Vaters nicht genügte? Ein Teilzeit-Graphiker, Quereinsteiger, Studiumsabbrecher, Anfang 30, mit 400 Euro auf dem Bankkonto und ruhender Riesterrente als einziger Zukunftsvorsorge. Was seine Tochter an mir findet, wird Eberhard Luger ein absolutes Rätsel sein. Da ist der Unfall auf dem Parkplatz wahrscheinlich nur das i-Tüpfelchen. Das 30 Zentimeter dreifach in den Lack gekratzte i-Tüpfelchen, Reparatur hin oder her.

Vielleicht kann ich Karina aufgrund der ungünstigen Umstände irgendwie davon überzeugen, das Bekanntmachen auf nächstes Jahr Weihnachten zu verschieben.

«Und jetzt überlegst du, wie du mich davon überzeugen kannst, das Bekanntmachen auf nächstes Jahr Weihnachten zu verschieben, stimmt's?», reißt mich meine Freundin feixend aus meinen Gedanken.

«Nein?»

«Basti!»

«Wäre das denn so abwegig?»

«Mach dir nicht so einen Kopf. Ich muss jetzt wieder nach unten.» Sie dreht den Schlüssel um, und ich höre, wie sie bei runtergedrückter Klinke verharrend auf meine Verabschiedung wartet.

«Ich mag dich ganz schön gerne, weißt du das?» Ich hoffe wirklich, wirklich, dass sie das weiß.

«Das trifft sich gut. Ich dich nämlich auch.»

Und vor allem hoffe ich, dass sie das nicht vergisst.

4. Kapitel

ERST MAL ANKOMMEN

Ein Tag bis Heiligabend

Der Mensch soll täglich etwa 10 000 Schritte machen. Meine Mutter hat dieses Pensum locker schon über den ganzen Vormittag dadurch erreicht, vom Küchenfenster zum Wohnzimmerfenster und wieder zurückzulaufen, um minütlich auf die Straße zu gucken und ungläubig den Kopf zu schütteln.

Die Küche riecht wie ein Wirtshaus zur Hauptbetriebszeit. In drei großen, gusseisernen Töpfen blubbert schmandige Sahnesoße, kochen Semmelknödel und schmoren saftige Rinderrouladen. Mein Leibgericht. Es ist kurz vor zwölf. Ich sitze am Esstisch, eine dampfende Tasse Kaffee vor mir, und verfolge, wie die Herrin des Hauses dabei ist, die Halbmarathon-Marke zu knacken. Ich bin kurz davor, ihr in der Bewegung eine Trinkflasche mit Gatorade zu reichen und sie klatschend anzufeuern.

«Das gibt es doch gar nicht. Wo bleiben die denn, Bastian? Hoffentlich ist nichts passiert.» Sie rührt mit einem Holzlöffel einmal alle Töpfe durch und ist schon wieder auf dem Weg Richtung Fenster.

«Also, Niklas wollte mit Fine und Lenni so bis in einer halben Stunde da sein. Sie haben vorhin auch in die Familien-Gruppe geschrieben, dass sie von München losgefahren sind und voraussichtlich gut durchkommen», sage ich in beruhigendem Tonfall, wohl wissend, dass meine Mutter nicht um den Verbleib meines Bruders, seiner Frau und des kleinen Lenni fürchtet. Ihr Kopf ist bei Opa Georg und seiner Lebensgefährtin Lisbet.

«Sollen wir mal bei der Polizei anrufen?», meint meine Mutter jetzt, mehr zu sich selbst als zu mir. «Oder die Krankenhäuser durchtelefonieren? Oder die Nachbarn? Papas und Lisbets Nachbarn! Die müssen, wenn es sein muss, einfach die Tür eintreten, wenn keiner aufmacht. Warum bin ich da denn nicht schon viel eher draufgekommen? Was, wenn sie entführt worden sind? Was weiß ich, welchem ‹Fahrer› oder welcher ‹Fahrerin› sie sich da anvertraut und die Schlüssel für das Auto und womöglich auch noch für das Haus gegeben haben und ... DA SIND SIE!» Wie der Roadrunner zischt die kleine Frau aus dem Zimmer durch die Haustür in den Hof. Ich stehe von meinem Stuhl auf und sehe, wie der alte Mercedes meines Großvaters, träge und wuchtig wie ein Schiff, um die Ecke gebogen kommt. Die Scheiben des Benz spiegeln. Auf der Rückbank glaube ich, meinen 91-jährigen Opa und seine zehn Jahre jüngere Partnerin zu erkennen. Wer das Fahrzeug lenkt, sehe ich nicht. Meine Mutter ist inzwischen auf der Straße angekommen. Sie wirft einen Blick in das Wageninnere, glotzt verblüfft, fängt sich und dirigiert das Auto in unsere schmale Einfahrt. «Jetzt einschlagen. Sie müssen einschlagen. Kurbeln! Kurbeln! Kurbeln! You must kurbel. Sehr gut.» Die kalte Dezemberluft untermalt ihre Kommandos mit weißem Dampf, der ihr aus Mund und Nase steigt.

Alarmiert durch die Rufe kommt mein Vater aus dem Arbeitszimmer, schnappt den Mantel seiner Frau, die in der Eile nicht mal ihre Kochschürze ausgezogen hat, vom Kleiderständer, und gemeinsam gehen wir, in unsere Jacken schlüpfend, nach draußen. Der Wagen ist mittlerweile geparkt. Jetzt sehen wir auch, wer da am Steuer sitzt. Ein großer, dunkelhäutiger Mann Mitte dreißig öffnet die Fahrertür, nickt uns, ein bisschen schüchtern, freundlich grinsend «Gute Tag» entgegen und macht zwei große Schritte zur Rückseite des Autos, um zuerst Opa Georg und dann Lisbet beim Aussteigen zu helfen.

«Sind wir da? Ich muss pinkeln.» Mein Großvater setzt vorsichtig einen Fuß nach dem anderen auf den Boden, rückt seine panzerglasdicke Brille zurecht und verharrt seitlich auf seinem Platz sitzend in dieser Position. Er scheint zu wissen, wo er ist und wie er hierhergekommen ist. Dieser Bewusstseinszustand ist bei meinem Opa in den letzten Jahren immer seltener geworden. In seinem Gehirn wechseln sich dunkle und helle Momente ab, wobei der Schatten immer und immer mehr zu überwiegen beginnt. Als würde sein Verstand ganz langsam blinzeln. In diesem Moment allerdings scheint er komplett klar zu sein.

Der Mann, der Georg und Lisbet gefahren hat, legt meinem Großvater jetzt eine dicke Weste um und stützt ihn beim Aufstehen.

«Eric, danke dir. So. Offensichtlich sind wir da. LISBET, WACH AUF, WIR SIND DA!», brüllt mein Opa durch die noch geöffnete Autotür in Richtung seiner Partnerin, die jetzt ebenfalls, ihrerseits von dem Fahrer gestützt, aussteigt.

Meine Mutter, die ihre Überraschung abgeschüttelt hat, umarmt erst meinen Großvater so fest, dass ich ein bisschen Angst habe, der gebrechliche Mann könnte in der Mitte wie ein trockener Zweig auseinandersplittern, flitzt dann um den

Wagen und drückt Lisbet ähnlich heftig, dass es mich wundert, dass wir keine Rippen knacken hören. Die folgenden Begrüßungs-Drücker von meinem Vater und mir wirken, als würden wir abtasten, ob bei den beiden irgendwelche inneren Verletzungen verursacht wurden.

Nach diesem allgemeinen Hallo tritt meine Mutter einen Schritt zurück, mustert Georg und Lisbet von oben bis unten und sagt: «Spinnt ihr eigentlich völlig? Also komplett?» Die Angesprochenen sind indes vor den Mercedes getreten und gucken sich unsicher an.

«Was, äh, genau meinst du?» Lisbet kratzt sich verwirrt am Kinn. Der Mann, den mein Großvater «Eric» genannt hat, hat in der Zwischenzeit den Kofferraum geöffnet und zwei große Reisetaschen herausgenommen.

Wieder meine Mutter: «Ich meine, dass es einfach nicht geht, dass ihr euch von jetzt auf gleich selbst zu uns einladet, nicht sagt, wie ihr herkommt, und dann einfach nicht mehr an euer Telefon geht. Es hätte sonst was passiert sein können, Herrgott.»

«Wir können wieder fahren», zuckt mein Großvater die Schultern und fährt nach kurzer Pause fort: «Zuerst muss ich aber pinkeln. Und Eric habe ich versprochen, dass er einen Kaffee bekommt.»

«Wir hatten das Telefon schon ausgesteckt. Wir stecken immer alles aus, wenn wir eine Reise machen, nicht wahr, Georg? Nicht, dass ein Gewitter kommt und der Blitz einschlägt», bemüht Lisbet sich um eine Erklärung. «Und wir hatten doch auf dem Anrufbeantworter alles erklärt.»

«Hast du wieder nicht zugehört, Brigitte?», schüttelt mein Opa vielsagend den Kopf.

Meine Mutter massiert sich den Nasenrücken mit Daumen und Zeigefinger. «Und was ist mit eurem Handy? Warum geht ihr da nicht ran?»

«Na, da hab ich nicht draufgeguckt», antwortet Lisbet fast etwas pikiert. «Wer sollte mich denn anrufen?»

«Ja», stimmt ihr Großvater Georg zu, «du könntest ruhig mal öfter anrufen, Brigitte.»

Ich habe das Gefühl, dass die hauchzarte Schneeschicht, die sich über Nacht und über den Vormittag in der Hofeinfahrt gebildet hat, um die Sohlen meiner Mutter zu schmelzen beginnt. Sie kocht innerlich. Das spürt auch mein Vater, der jetzt, vielleicht als Übersprungshandlung, zum Kofferraum geht, um Herrn Eric die Taschen abzunehmen. «Die können Sie mir geben. You can give them me, Mister ...»

«Opoku.» Der Mann streckt meinem etwas zu laut sprechenden Vater die Hand entgegen, die dieser ergreift und schüttelt. «But please call me Eric. Ich bin Eric. Und bitte sprechen deutsch mit mir. Und so reden wie normal. Is bessa.»

«Is bessa!», nickt mein Großvater und bewegt sich in Slowmotion-Schrittchen auf den Treppenaufgang und unsere Haustür zu.

Wenige Minuten später sitzen mein Vater, meine Mutter, Lisbet, Eric und ich am Küchentisch der Kollinger-Küche und warten, dass mein Opa von der Toilette zurückkommt. Meine Mutter hat unterdessen das von ihm gegebene Versprechen eingelöst und Eric eine Tasse Kaffee eingeschenkt.

«Das riecht aber köstlich, Brigitte», unterbricht Lisbet die Stille, die begonnen hatte, etwas drückend zu werden. «Sind das Rinderrouladen?»

«Riecht sehr, sehr gut, Frau Brigitte.» Eric nimmt einen Schluck von seinem Kaffee und strahlt meine Mutter an.

«Genau, Lisbet, Rinderrouladen. Oh, vielen Dank, und essen Sie denn, äh, Rind, Eric?»

«Wieso soll der Eric denn kein Rind essen?» Opa Georg ist von der Toilette zurück und setzt sich auf den für ihn freigehaltenen Stuhl an der Ecke.

«Wegen der, na ja, Religion?» Meine Mutter guckt etwas hilflos in die Runde. «Wobei man Rinder und Kühe ja nur bei den Indern nicht essen darf, oder? Sie sind kein Inder, oder, Eric?»

«Nein. Ich bin vor funf Jahren von Ghana und dann Brussel nach Deutschland gekommen.»

«Ach, man kann von Ghana nach Brüssel fliegen? Und am Flughafen Brüssel muss man dann umsteigen?» Meine Mutter gießt sich jetzt auch einen Schluck Kaffee ein und sieht Eric interessiert an.

«Nicht so, nein.» Eric leert seine Kaffeetasse mit einem großen Schluck, meine Mutter deutet ihm an, nachschenken zu wollen, aber er schüttelt, immer noch strahlend, den Kopf. «In Brussel ich habe eine Jahr gelebt, bevor ich nach Deutschland gekomen. So meine ich. Vorher war ich noch viel woanders.»

«Der Eric», sagt Lisbet, während sie Georg, der nach etwas Hin-und-her-Rücken jetzt eine bequeme Sitzposition gefunden hat, die Hand auf den Arm legt, «ist viel zu Fuß gegangen. Und er war ganz lange auf einem Boot.»

«Und wie haben Sie Lisbet und meinen Schwiegervater kennengelernt, Eric?», will mein Vater wissen.

«Der Eric hilft uns im Haushalt und fährt uns in die Stadt,

wenn wir etwas brauchen», beantwortet Lisbet die Frage und spricht weiter zu Eric: «Die Großers von nebenan haben dich uns empfohlen, nicht wahr? Wie lange bist du bei dem Herrn Doktor Großer jetzt schon im Deutsch-Kurs?»

«Zwei Jahre und eine halbe, fast.»

«Seit Jahresanfang kommt der Eric regelmäßig für ein paar Stunden zu uns», erläutert Lisbet die Bekanntschaftsverhältnisse weiter und strahlt inzwischen fast so wie der Westafrikaner. «Das ist echt eine immense Erleichterung. Sogar den Mercedes hat er wieder flottbekommen, wo der doch so lange in der Garage stand. Da ist der Eric wirklich sehr geschickt. In Ghana wollte er immer eine eigene Werkstatt aufmachen.»

«Aha.» Meine Mutter ist noch nicht ganz überzeugt. «Und warum habt ihr uns das nicht erzählt, Papa?»

Mein Opa winkt ab. «Ihr erzählt uns doch auch nicht alles.»

«Und, Eric, arbeiten Sie für meine Eltern auf Rechnung, sind Sie angemeldet, oder arbeiten Sie ... also arbeiten Sie ...» Meine Mutter stockt verlegen, hustet dann, will wieder ansetzen, aber der Mann aus Ghana kommt ihr zu Hilfe.

«Ich habe kleine Unternehmen gemeldet. Bin selbstandig. Mit Steuernumma. Is bessa.»

«Is bessa», nickt Opa Georg, hakt das Thema damit ab und sieht mich, wie einer unvermittelten Eingebung folgend, an: «Spielst du denn morgen wieder für uns, Bastian? Hast du geübt?»

Ich habe keine Ahnung, wovon er spricht. «Was genau soll ich spielen, Opa?»

Opa Georg ist verdutzt. «Na, Blockflöte.» Oh Gott. Blockflöte. Auf einen Schlag bin ich wieder neun und stehe vor dem hellerleuchteten Weihnachtsbaum im festlich geschmückten

Wohnzimmer meiner Kindheit. Lichterkettenkerzenschein spiegelt sich in purpurnen Christbaumkugeln und tanzt auf dem Silber des Lamettas. Es riecht nach Tannennadeln und Mandarinen. Die Luft ist angenehm schwer von dieser Wärme, die nur ein prasselnder Kachelofen abzugeben vermag. Ich sehe – alle beinahe zweieinhalb Jahrzehnte jünger – Opa Georg in seinem guten Anzug, Lisbet in einem samtenen Kleid, meinen 140 Zentimeter großen Bruder Niklas, meinen Vater mit Schnauzer und dichterem Haar und meine Mutter, damals noch mit Rotstich und Pony-Frisur, im Halbkreis um mich stehen, die glänzenden Augen voller Vorfreude, wie sie inbrünstig zu den dünnen, schiefen, sehr bemühten Tönen meiner Blockflöte «Stille Nacht, Heilige Nacht» singen – das geliebte Weihnachtslied meines Großvaters, ohne das für ihn eine Bescherung schon immer unvorstellbar war. Mit der letzten von mir rausgezitterten Note fallen sich alle «frohe Weihnachten» rufend in die Arme, schütteln sich die Hände, klopfen sich auf die Schultern, und ich spüre richtiggehend, wie mein Opa mir durch die Haare wuschelt, bevor wir uns daranmachen, unsere Geschenke auszupacken.

Die Erinnerung meines Großvaters scheint ähnlich lebendig zu sein wie meine. In seinem Blick erkenne ich den gleichen Glanz wie damals, diese Mischung aus Geborgenheit, Glück und Ruhe, dieses allumfassende Innehalten, das einen über die Festtage erfüllt.

Ich bin ganz froh, dass Lisbet für mich antwortet: «Ich glaube, der Bastian spielt gar nicht mehr Blockflöte, Georg.»

«Aber erst seit etwa zwanzig Jahren nicht mehr», ergänze ich und sehe, wie mein Großvater sich fokussiert und aus seiner Zeitreise zu uns an den Küchentisch zurückkehrt.

«Ach was? So ist das. Und ich dachte noch. Wie dem auch sei», er setzt sich etwas aufrechter und dreht sich zu meiner Mutter: «Ich will vor dem Essen noch ein Nickerchen machen. 20 Minuten. Das geht sich noch aus, oder, Brigitte?»

Meine Mutter wirft einen Blick auf den Timer am Herd. «Äh, ja, aber Niklas kommt sicher gleich.»

«Wer?» Der alte Mann hält einen Moment inne, ehe er den Namen einordnen kann. «Ach, stimmt. Na ja, der ist ja auch noch da, wenn ich wieder aufwache. Wo schlafen wir?»

Lisbet und mein Opa sollen im Schlafzimmer meiner Eltern übernachten. Für sich selbst haben meine Eltern gestern Abend noch den Bastelkeller meines Vaters mit Luftmatratzen ausgestattet.

«Ihr schlaft in Mamas und Papas Schlafzimmer», sage ich und helfe meinem Großvater auf die Beine.

«Und wo schläft Eric?» Lisbet erhebt sich ebenfalls, geht zum Herd und rührt die Töpfe durch.

«Ich mach das schon, Lisbet.» Meine Mutter nimmt ihr den Löffel ab und rührt ihrerseits Topf für Topf um. «Ja, also, der Eric. Sie wollen also hier schlafen, Eric?»

Dieser nickt, fügt dann aber an: «Ich kann auch in Auto schlafen. Kein Problem. Is bessa?»

«Is nicht bessa», verneint mein Opa, der sich an den Türrahmen gelehnt hat, bestimmt.

«Sie können mein altes Zimmer haben, Eric», schlage ich vor und ernte dankbare Blicke meiner Eltern. «Ich schlafe dann einfach ... hm, sehen wir dann. Komm, Opa, ich trage mal eure Sachen hoch.»

Im Schlafzimmer hilft Lisbet Opa Georg aus den Klamotten und in den Pyjama, dann legt dieser sich auf die linke Bettseite, dreht sich um, packt Hörgerät und Brille auf den Nachttisch und ist – ohne Hör- und Sehhilfe komplett von äußeren Einflüssen abgeschottet – innerhalb von 17 Sekunden eingeschlafen. Lisbet deckt ihren Lebensgefährten noch mit der Daunendecke zu, und wir verlassen das Zimmer. Auf dem Gang wartet Eric und sieht sich um.

«Eric», sage ich, «Ihr Zimmer ist das hier rechts. Ich packe nur noch schnell meine Sachen zusammen, dann können Sie sich breitmachen.»

«Was is breitmachen?», wundert sich der neue Hausgast.

«Ausbreiten.» Stark. Ich sollte Volkshochschulkurse geben.

«Ah, okay.» Eric gibt mir dieses Nicken, das man immer dann anwendet, wenn man keine Ahnung hat, was das Gegenüber eigentlich von einem will, und das jeder, der schon mal Physik-Nachhilfe hatte, von sich selbst kennt. Ich werfe meine Klamotten in meinen Rollkoffer, nehme meine Handtücher und schüttle noch eben das Kissen auf.

«So. Ist leider etwas einfach. Aber die Turtles-Bettwäsche ist großartig, oder?»

«Is supa.» Eric, der sich sichtlich Mühe gibt, in dem Chaos, das seine Schlafstätte umgibt, keinen Aktenordnerstapel oder Bücherturm umzuwerfen und über keine Klamottentüte oder -kiste zu stolpern, legt seinen Rucksack ordentlich ans Matratzenende, und wir gehen wieder auf den Flur zurück.

«Das hier ist Niklas' Zimmer. Die drei müssten eigentlich auch gleich hier sein», erkläre ich dem neuen Gast die Raumaufteilung im Obergeschoss. «Hier ist das Bad mit Toilette. Unten gibt es auch noch eine Toilette. Mein Vater muss den Badplan jetzt wohl noch mal überarbeiten, schätze ich.» Auf mein Lachen bekomme ich wieder das Physik-Nachhilfe-Nicken, und ich deute Eric an, dass wir uns wieder ins Erdgeschoss begeben können.

Wir sind halb die Treppe runter, als es klingelt. Durch das Fenster sehe ich meinen Bruder Niklas und seine Frau, meine Exfreundin Fine, die eine Babyschale trägt. Mein großer Bruder hat einen geflochtenen Weidenkorb, gefüllt mit Paketen und Päckchen, in der einen und einen großen, mit Glanzpapier umwickelten Karton in der anderen Hand.

Wenn wir unsere Eltern besuchen, halten er und ich es, seit jeder von uns ausgezogen ist, gleich. Wir haben zwar immer noch einen Schlüssel für das Haus, aber wenn wir an der Haustür stehen, klingeln wir. Es ist irgendwie schöner, bei Mama und Papa zu Gast zu sein, als wie selbstverständlich selbst die Tür aufzuschließen und einzutreten.

«Hallo, hallo, hallo, hallo!» Meine Mutter rennt in Olympia-Bestzeit über den Flur zum Eingang und fällt erst Niklas und dann Fine um den Hals wie ein Defensive Tackle in der NFL dem Quarterback. «Und da ist ja auch der kleine Lenni. Hallo, Lenni. Na, hallo, Lenni. Hallo, Lenni. Du hast ja ganz rote Pausbäckchen von dem Wetter da draußen. Und seit letztem Mal bist du ja noch größer geworden. Bist du, jaaaa, bist du.» Lenni grinst zahnlos hinter seinem Schnuller, streckt die kleinen Ärmchen von sich und freut sich offensichtlich über die wie ein Wasserfall sprudelnde Oma. Er sieht noch süßer aus als auf den Fotos. Ein bisschen zerknautscht von einem mutmaßlichen Autofahrt-Nap liegt er in seinem Schaukelsitz, eingemummelt in eine flauschige Wolldecke, auf dem winzigen Köpfchen eine Mütze, die meine Mutter ihm gestrickt hat. Die kleinen Fingerchen greifen ins Leere, bis mein

Vater, der Fine und Niklas ebenfalls freudig begrüßt hat, ihm seinen Daumen hinhält.

«Der hat aber schon ordentlich Kraft, der kleine Mann. Komm mal her, das wird ja sonst viel zu warm für dich.» Mein Vater will, vor dem Babysitz kniend, Lenni das Mützchen vom Kopf ziehen, als Fine ihm die Hand auf den Arm legt.

«Walter, warte. Lennards Körper muss sich erst an das Raumklima gewöhnen, bevor du den Kopf entblößt.»

Niklas verdreht kaum merklich die Augen und zwinkert mir zu. «Na, Brüderchen, sag mal hallo zu unserem jüngsten Familienmitglied.»

«Darf ich schon? Oder muss ich erst warten, bis der Kleine sich an das Raumklima gewöhnt hat?»

Jetzt verdreht Fine die Augen. «Mach dich nur lustig, Basti.»

«Ich wollte bei Lenni einfach direkt einen guten Eindruck hinterlassen. Schließlich bin ich sein Onkel.» Und weiter zu Lenni: «Herzlich willkommen in der Kollinger-Familie. Ich bin der Onkel Bastian. Wenn es ein bisschen anders gelaufen wäre, wäre ich jetzt dein Papa.»

«Jetzt ist es aber mal gut, Basti!» Meine Mutter boxt mir etwa auf Leberhöhe in die Flanke. Fine geht mit Lenni im Tragekorb an uns vorbei in den Flur und stößt einen spitzen Schrei aus.

«Huch?! Meine Güte, haben Sie mich erschreckt!»

Offenbar hatten wir vergessen zu erwähnen, dass nicht nur Fine und Niklas Familienzuwachs bekommen haben, sondern auch Lisbet und Opa Georg.

«Gute Tag, mein Name is Eric. Bin Hilfe und Freund von Frau Lisbet und Herr Georg. Und fahren. Und schlafe oben.»

Unsicher reicht Fine Eric die Hand, und wir erklären in wenigen Sätzen die Situation.

Nachdem sich alle einander vorgestellt haben, decke ich den Tisch im Esszimmer. Acht Teller, Gläser, Messer, Gabeln und Servietten. So viele waren wir noch nie. Lennis Maxi-Cosi wird auf einen Stuhl zwischen seine Eltern gesetzt. Er pennt. Opa Georg ist inzwischen wieder erwacht und sieht, zusammen mit Lisbet, Lenni ebenfalls zum ersten Mal.

Warum Fine, die die beiden ja als meine Freundin kennengelernt hatten, jetzt mit Niklas zusammen ist, haben wir versucht, den beiden auf Fines und Niklas' Hochzeit zu erklären. Es schien meinem Opa und seiner Partnerin allerdings völlig egal zu sein. Hauptsache, es wurde geheiratet. Wer wen heiratete, war einerlei.

«Und, Fine, schläft Lenni denn schon durch?», fragt Lisbet und streichelt mit der Hand über einen Baby- und mit der anderen über einen Opa-Arm.

«Geht. Alle vier Stunden etwa wacht er auf.»

«Ja, ja», nickt Lisbet mitfühlend. «So wie der Georg.»

«Na, aber wenigstens muss sie den noch nicht wickeln», raunt mein Bruder mir zu und schenkt sich ein Schierbecker in ein Pilsglas. Eric, der meinen Eltern so oft seine Hilfe angeboten hat, dass diese nicht mehr nein sagen konnten, kommt aus der Küche und stellt zwei Schüsseln mit Semmelknödeln in die Mitte des Tisches. Dann holt er eine weitere Schüssel mit Blumenkohlsalat und den großen Topf, in dem die Rouladen in der Sahnesoße liegen, und bleibt am Tisch stehen.

«Danke. Das ist wirklich nett. Wollen Sie sich setzen?» Ich deute auf die freien Stühle.

«Ja. Gerne.» Er bleibt stehen.

«Na, dann. Ähm, setzen Sie sich.»

«Viele Dank.» Er rührt sich noch immer nicht und meint dann: «Welche is frei?»

«Bei Deutschen ist alles frei, was nicht mit einem Handtuch belegt ist.» Puh, Bastian. Jetzt nicht übertreiben

«Was Handtuch?» Ich bekomme von Eric jetzt nicht einmal mehr das Physik-Nachhilfe-Nicken.

«Sorry, das war ein Scherz. Es ist ein Vorurteil, dass Deutsche immer überall ihre Handtücher hinlegen, um Stühle, Liegen oder was auch immer zu besetzen.»

«Ah. Vor-Uhr-Teil. Witzig.» Er lächelt und nimmt neben mir Platz.

Meine Eltern kommen mit großen Löffeln und Schöpfkellen in den Händen ebenfalls aus der Küche. Reihum nehmen mein Bruder, Fine, Georg, Lisbet, mein Vater, meine Mutter und ich uns Beilage, Salat und Fleisch. Es schmeckt unfassbar. Dass nur Eric wie versteinert und mit leerem Teller dasitzt, fällt uns allen erst auf, nachdem wir schon die Hälfte unserer ersten Portion in uns hineingeschaufelt haben.

«Haben Sie denn keinen Hunger?», stellt meine Mutter die Frage, die bei ihr gleichbedeutend ist mit «Haben Sie denn keinen Appetit auf das, was ich gekocht habe?» und bei deren Aussprache immer eine unterschwellige Morddrohung mitschwingt.

«Doch. Ich habe Hunga.» Eric nickt einmal unsere Gesichter durch.

«Warum nehmen Sie sich denn nicht einfach etwas?»

«Ich wusste nicht, ob man einfach nehmen kann. Ohne angeboten.»

«Wie, ohne angeboten?» Meine Mutter versteht die Welt nicht mehr. «Sie haben sich nichts zu essen genommen, weil es Ihnen niemand angeboten hat? Aber Sie sind doch unser Gast.»

«Ich dachte, wenn Deutsche mit Fremden teilen wollen, sie bieten an. Wenn sie nicht anbieten, sie wollen nicht teilen. Und wenn ich einfach nehme, is unhoflich.»

«Da hat er nicht unrecht», bekräftigt Lisbet ihren Haushaltshilfen-Fahrer-Freund.

«Und jetzt ich habe nicht einfach genommen. Is auch unhoflich. Deutsche sind, na ja, wie sagt man?»

«Kompliziert», schmunzelt meine Mutter und lädt Eric den Teller voll. «Ich hoffe, es schmeckt Ihnen.»

«Wollen wir das mit dem ‹Sie› eigentlich nicht endlich mal lassen?», fragt mein Vater und streckt Eric die Hand entgegen. «Ich fang jetzt einfach mal an. Ich bin der Walter.»

«Hallo Derwalta.»

«Nein, nur Walter. Also einfach Walter. Walter.»

«Walta», Eric grinst, wirkt dann aber nachdenklich. «Ich bin imma noch Eric. Was anders?»

«Wir sagen nicht mehr ‹Sie›, sondern ‹du›.»

«Okay.» Physik-Nachhilfe-Nicken.

«Und ohne ‹Herr› und ‹Frau› vor dem Vornamen. Ich bin Bastian.» Händeschütteln.

«Fine, freut mich.»

«Niklas. Freut mich, dich kennenzulernen, Eric. Das ist Lenni.»

«Uns kennst du ja schon», raunzt Opa Georg und hält seinen Teller hoch, um noch einen Knödel aufgetan zu bekommen.

Die restliche Rouladen-Mahlzeit geht es dann um Baby-Lenni. Wie Fine und Niklas die Nächte aufteilen, wie er sich im Vergleich zu den anderen Kindern in der Krabbelgruppe entwickelt, wie Niklas jetzt, nach dem Ende seiner Elternzeit, wieder seine Kinderarzt-Praxis weiterführt und wie schwer es ist, jetzt schon einen Kitaplatz für in eineinhalb Jahren zu bekommen. Beim Nachtisch erzähle ich von Köln und wie ich mich immer besser einlebe. Meine Eltern plaudern über das Wetter, dass der Winter sich jetzt mal entscheiden solle, was er werden wolle, und Lisbet darüber, wie schön es ist, endlich mal wieder das Haus verlassen zu haben. Beim Verdauungsespresso sprechen wir über den restlichen Tag, dass mein Bruder und seine Frau Freunde besuchen wollen und ob meine Eltern deshalb vielleicht abends ein, zwei Stündchen auf Lenni aufpassen könnten.

In unseren Schwatz hinein, der mich den gestrigen Unfall, meine bevorstehende Beichte und das morgige Luger-Treffen beinahe hat vergessen lassen, bekomme ich eine WhatsApp-Nachricht von Karina: «Also, ich habe eine gute und eine schlechte Nachricht. Welche möchtest du zuerst hören?»

«Gerne ausschließlich die gute», schreibe ich zurück und schicke ein Diezähneaufeinanderbeißsmiley-Emoji hinterher.

Sie: «Mein Vater ist gerade aus der Werkstatt zurück. Mit Kostenvoranschlag. Kann ich dich kurz anrufen?» Oha.

Ich tippe auf das Daumenhoch-Emoji und sende es ab. In derselben Sekunde klingelt mein Handy. Mit der Erklärung, rangehen zu müssen, entschuldige ich mich und drücke den grünen Hörer.

«Hi.»

«Hi, Basti.»

«Und? Was kostet mich das Ganze?»

«700 Euro.» Na cool. 300 Euro mehr, als ich auf der Bank habe. Und das ist eigentlich das Geld, das ich für Karinas und meinen ersten gemeinsamen Urlaub ausgeben wollte. Unser Weihnachtsgeschenkersatz.

«Oh, Mann. Okay, das ist schon mal schlecht. Und was ist die gute Nachricht?»

Betretene Stille am anderen Ende der Leitung. «Das war die gute.»

«What?!»

«Die schlechte ist: Eigentlich wollten die von der Werkstatt den Schaden morgen beheben. Klappt aber nicht.»

«Warum klappt das nicht?»

«Der Lack, den die bestellen müssen, kommt nicht mehr rechtzeitig. Der wird erst nach den Feiertagen geliefert.»

«Kacke. Aber dann machen die das halt, wenn der Lack da ist. Ist zwar nicht optimal, aber reicht doch auch noch.»

«Eben nicht. Für meinen Vater ist das zu spät. Der wollte übermorgen zu irgend so einer legendären Christmas-Oldtimer-Rallye nach Kitzbühel. Aber natürlich ohne drei peinliche Kratzer in der Fahrertür.»

«Das ist jetzt nicht wahr, oder? Und jetzt, wie ist die Stimmung bei euch?»

«Ich sage mal so: Hulk hat meinem Vater eben ausrichten lassen, dass der sich ein bisschen beruhigen soll.»

Fuck.

5. Kapitel

SILV-ÄÄÄH-STERPARTY

Silvester vor einem Jahr.

Es war zehn nach elf gewesen, als Karina und ich nach einer Straßenbahn-und-Bus-Odyssee endlich in Köln Kalk angekommen waren. Köln Kalk sieht aus wie ein Viertel für Leute, denen Bottrop zu fancy ist. Eine betongewordene Stadtplanungs-Depression. Es war noch mal kälter und der Regen stärker geworden. Trostlos waren die dicken Tropfen auf die Bushaltestelle und die Straße geklatscht und noch im selben Augenblick zu einer spiegelglatten Lackierung überfroren. Wir waren in den offen stehenden Hauseingang des Wohnklotzes geschlittert, in dem meine Kollegin und ihr Freund lebten, und mit dem Aufzug ins Dachgeschoss gefahren. Elfter Stock.

Hier musste es sein. «Feldmacher, Gülüm» stand auf dem Namensschild der dritten Wohnung auf der linken Seite. Durch die Wände und die Wohnungstür wummerte irgendein Golden-Era-Hiphop-Track, dazu lautes Lachen und geschriene Unterhaltungen.

Wir exten den letzten Rest unserer zweiten Wegbiere, die wir uns unterwegs am Kiosk geholt hatten, stellten den Schirm in eine Gangecke, wischten uns die Nässe von den Jacken und klingelten viermal, ehe jemand öffnete.

Der Moment, wenn man eine bereits laufende Party in einer fremden Wohnung betritt, ist immer seltsam – gerade in der kalten Jahreszeit. Meistens lässt einen jemand rein, den man noch nie im Leben gesehen hat und dem komplett egal ist, wer da nun zu der Feiergesellschaft stößt. Hauptsache, es ist nicht die Polizei. Dann steht man in einem halbdunklen Vorraum, von dem irgendwelche Zimmer abgehen, immer noch die Winterjacken am Körper, und fängt sofort an zu schwitzen. Man kann geradezu fühlen, wie man in das elektrische Flirren eines Energiefeldes eingedrungen ist und für Irritationen sorgt. Für einen Augenblick ist man der Fremdkörper. Im besten Fall entdeckt man jetzt jemanden, den man kennt, der einen verifiziert, der einem sagt, wo man die Jacken sicher ablegen und wo man etwas zu trinken bekommen kann. Im schlechtesten Fall steht man, beglotzt von denen, die sich auf der Feier längst integriert und zusammengefunden haben, im Weg herum, unsicher, ob man die Schuhe nun ausziehen oder anlassen soll, und grüßt blind in die Runde, in der Hoffnung, die anderen würden einem abkaufen, man hätte sich hier nicht uneingeladen eingeschlichen und wäre fehl am Platz.

«WOLLEN WIR EINFACH MAL NACH HINTEN DURCHGEHEN?», rief ich Karina gegen den Bass und die Kickdrum von «Full Clip» zu. Es war wirklich brechend voll. Nesrin konnte ich nirgendwo entdecken. Ich deutete in Richtung des ersten Raumes, Karina nickte, und wir schoben uns vorwärts. Das musste das Wohnzimmer sein. Beziehungsweise der Dancefloor. Die Möbel waren an die Wände gerückt, so weit möglich übereinandergestapelt und mit Malerplane abgedeckt. Sogar ein DJ-Pult war aufgebaut worden. Die Tanzfläche wogte. Hinter den Turntables, die mit einem Notebook verbunden waren, stand eine DJane und wurde von einem wild gestikulierenden Partygast, einem ziemlichen Hünen, belabert, der, auf ihren Bildschirm deutend, immer wieder den gleichen Titel zu brüllen schien.

An der Wand neben der abgedeckten Couch gab es eine improvisierte Bar. Eine Spanholzplatte lag quer über vier Stühlen. Darauf ein komplettes Duty-free-Sortiment an Spirituosen und Mischgetränken. In zwei Eimern unter dem provisorischen Tisch waren Tüten mit angeschmolzenen Eiswürfeln. Karina nahm uns zwei Plastikbecher von einem Red-Cup-Turm, füllte sie mit Gin und Tonic-Water und wollte gerade in die Eistüten greifen, als ich sie zurückhielt.

«LASS MAL LIEBER DAS EIS WEG.»

«WAS?» Nach «Full Clip» ballerte jetzt «Rockwilder» aus den Boxen, das sich der Laberhüne bei der DJane offenbar gewünscht hatte. Zumindest sprang er jetzt, Method Mans Strophe in Lautsprache doppelnd, mit seinem wuchtigen Körper in die Tanzenden.

«DAS EIS! LIEBER WEGLASSEN! BAKTERIEN!», wiederholte ich meine Warnung.

«BAKTERIEN?»

Unruhe in der Raummitte. Laberhüne hatte zwei junge Männer angerempelt und war gestrauchelt. Beinahe kippte die Stimmung, aber die beiden Jungs halfen dem Aushilfs-Wu-Tang-Mitglied wieder auf die Beine, das, weiter rappend, in die gegenüberliegende Zimmerecke steuerte.

«JA. DA GRABSCHT DOCH DIE HALBE PARTY REIN», schüttelte ich meine Hände und verzog angewidert das Gesicht.

«ACH GOTT. ACH SO. ALSO FÜR DICH KEIN EIS?»

«WAS?»

«OB DU KEIN EIS WILLST?»

«GENAU.» Langsam kam ich mir vor wie bei einem Telefonat mit Opa Georg und Tante Lisbet, wenn mein Großvater mal wieder sein Hörgerät auf dem Klo vergessen hatte. Wir nahmen unsere Drinks und erkundeten das nächste Zimmer.

Küche. Tendenziell die coolste Location auf jeder Privatparty. Hier konnte man sich unterhalten, Leute beobachten, war in der Nähe des Kühl- und Gefrierschranks und konnte, wenn man Glück hatte, sogar sitzen.

Die Küche in der Dreizimmerwohnung war einigermaßen modern eingerichtet. Verchromte Armaturen, cleanes Design. Eine schmale Theke trennte den Raum. Zwei der dazugehörigen Barhocker waren frei, über die wir unsere Jacken warfen und auf die wir uns neben eine Mädels-Dreiergruppe setzten.

«Hast du schon irgendjemanden entdeckt, den du kennst, Basti?» Karina hielt mir ihren Red Cup vor die Nase, und ich stieß meinen geräuschlos dagegen.

Ich spürte den Alkohol, der sich über den Abend in meiner Blutbahn verteilt hatte. «Bisher kenne ich original niemanden.» Ein leichter Zungenschlag war mir nicht abzusprechen.

«Willst du deinen Kollegen mal schreiben, ob die schon da sind?» Auch Karinas Aussprache hatte ganz leichten Linksdrall bekommen.

Ich zuckte die Schultern. «Ach, keine Ahnung. Silvester ist das doch immer so.»

«Was meinst du?»

«Dass man irgendwo hängenbleibt, nicht weiterkommt, wo ganz anders landet.»

«Stimmt schon. Wollen wir was spielen?»

«Gerne. Schach? Aber ich habe leider mein Brett vergessen.» Gags, Gags, Gags, Bastian. Immer locker aus der Hüfte.

«Ich zeige auf eine Person hier, und du sagst mir, was du denkst, was die Person beruflich macht, für Hobbys hat und was dir sonst noch zu ihr einfällt.»

«Alles klar. Shoot.»

«Der dahinten neben der Stehlampe.» Karina deutete unauffällig zu einem etwa endezwanzigjährigen Dreadlockträger. Flanellhemd, Sneaker, Jeans. In der Hand eine Flasche Club Mate.

«Okay. Auf den ersten Blick ein leichtes Ziel. Man könnte denken: Veganer, Fan der Band Stone Temple Pilots – aber nur der alten Alben –, hat letzten Monat seinen Facebook-Account gelöscht und erzählt das jedem, den er neu kennenlernt, noch bevor er seinen Namen nennt. Der ist übrigens Peter. Amerikanisch ausgesprochen, wie die Tierschutzorganisation. Immer ein Lacher und Eisbrecher bei Konversationen. Aber mit Tierschutz oder Social-Media-Abstinenz hat unser Peter nichts am Hut. Ganz im Gegenteil: Er hat einen erfolgreichen Schuh-Podcast: die ‹Sneak Show›. Dort spricht er jede Woche unter dem Pseudonym ‹Sneaker Parker› über die neuesten Releases, Trends und Schuh-Börsen.»

«Nicht schlecht.»

«Das Podcast-Logo ist das ‹Snickers›-Logo. Nur mit Sneakers statt Snickers. Verstehst du? Wegen …»

«Jetzt wird es unrealistisch», unterbrach Karina mich kichernd und nippte noch mal an ihrem Gin Tonic.

«Okay. Sorry. Jetzt du. Die dadrüben.» Ich deutete über die Mädelsclique hinweg mit dem Kinn auf eine große Blondine mit Marilyn-Monroe-Frisur, die etwas verloren in der Gegend rumstand. Obwohl meine Sicht zu verschwimmen begonnen hatte, war sie mir sofort aufgefallen. Um ihren knallroten Lippenstift nicht zu verschmieren, trank sie ihren Cocktail durch einen Strohhalm. Sie trug einen schwarzen Jumpsuit und sah immer wieder auf die Uhr, die ihr locker am linken Handgelenk hing. In der Rechten hielt sie mit ihrem Glas ihr Smartphone, das in einer funkelnden Hülle steckte. Insgesamt wirkte sie etwas zu fein für die Gesellschaft. Als hätte ihr als Scherz jemand gesagt, dass alle in Abendgarderobe erscheinen müssten.

Karina dachte kurz nach und analysierte dann: «Das ist Joelle. Zumindest hat sie sich so vorgestellt, als sie ohne Begleitung zur Wohnungstür hineingeschlüpft ist. Abgehetzt und außer Atem. Der Bus sei ‹auf halber Strecke stehen geblieben›, und sie hätte den Rest des Weges laufen müssen. Sie meinte weiter, sie kenne einen guten Freund des Bruders eines Kollegen des Veranstalters und sei deshalb eingeladen worden. Alles Lügen. Vom Namen über die Geschichte. In Wahrheit ist das Claire Caster, halb Deutsche, halb Britin und englische Geheimagentin. Sie hat es in monatelanger Arbeit geschafft, sich eine zweite Identität als Luxus-Callgirl aufzubauen und erst die Aufmerksamkeit und schließlich das Vertrauen des russischen Oligarchen Sergey Poponov zu gewinnen.»

«Sergey Poponov?» Kein einfach auszusprechender Name, wenn die eigene Promillezahl langsam und stetig anstieg wie der Hochwasserpegel nach der Schneeschmelze.

«Ja. Pass auf: Sergey Poponov hat tiefste Verbindungen zur Moskauer Mafia. Menschen- und Waffenhandel. Ein übler Bursche, der laut englischem Geheimdienst ‹dringend verschwinden› muss. Und genau das ist Claires Auftrag. Heute Nacht hatte sie Poponov kaltblütig erschießen wollen. Alles hatte wie ein eskalierter Streit zwischen verfeindeten Familienclans aussehen sollen. Claire und Sergey waren zu Silvester-Drinks in einer Cocktail-Lounge verabredet gewesen. Claires Plan war es gewesen, den Auftrag pünktlich um null Uhr zu Ende bringen, die Schüsse übertönt von den Raketen- und Böllerschlägen des gezündeten Feuerwerks. Doch durch eine fehlgeleitete SMS ist Claires Tarnung aufgeflogen. In einer wilden Verfolgungsjagd mit den Schergen des Oligarchen ist sie gerade noch so dem Tod entkommen, in das erstbeste Gebäude geflohen und versteckt sich jetzt auf dieser Party.»

«Krass. Geheimagentin, hm?»

«Wenn ich es dir sage, Bastian.» Ganz, ganz leicht schielte Karina auch schon.

«Aha. Und dass sie jetzt ein Selfie mit Duckface-Schmollmund macht ...»

«... ist natürlich Teil der Tarnung», bekräftigte meine Spielpartnerin und blickte sich in der Küche um. «Weiter?»

«Gerne.»

«Was ist mit ihm?» Karinas für mich auserkorenes Ziel war der Method-Man-Mitrapper und Tanzflächen-Stolperer-Hüne, der inzwischen noch ordentlicher getankt zu haben schien und den Kühlschrank durchwühlte.

«Er? Puh. Okay. Sein Ralph-Lauren-Poloshirt steckt in der Hose, aber er hat den Kragen nicht aufgestellt. In den Haaren hat er auch nur maximal eine halbe Tube Gel. Start-up-Gründer? Nein, das passt irgendwie nicht. Er sieht ziemlich trainiert aus und ist so um die 1,90, würde ich sagen. Ein drittklassiger Fußballprofi? Ein Innenverteidiger vielleicht. Auf jeden Fall hat er irgendein unterdrücktes Problem. Irgendwas frustriert ihn. Unglücklich verheiratet? Untervögelt? Gib mir kurz, das ist wirklich schwer.»

«Pass auf, Basti, ich geh schnell auf die Toilette, und bis dahin überlegst du dir was. Weißt du zufällig, wo ich da hinmuss?» Karina schwankte leicht, als sie sich von ihrem Hocker erhob.

«Ich bin auch das erste Mal hier?», entgegnete ich und stützte sie am Arm.

«Stimmt auch wieder. Ich finde das schon. Ich bring uns noch zwei Gin Tonic mit, gut?»

«Gut. Aber bitte ohne...»

«... Eis. Ja, schon klar.» Karina verschwand im Gewühl.

Der Method-Man-Mitrapper und 1-90-Ralph-Lauren-Träger war in der Zwischenzeit fündig geworden. Er hatte sich eine Flasche Champagner aus der Kühlung gekrallt, die wirkte wie ein Accessoire. Es war wirklich nicht so einfach, seine Geschichte zu erraten. Irgendetwas an ihm passte nicht zusammen. Mit einem lauten Ploppen öffnete er den Champagner. Der Korken knallte gegen die Decke und fiel dann auf den Boden. Schlürfend zog er den aus dem Flaschenhals quellenden Schaum ein und setzte den Veuve Clicquot dann an die fleischigen Lippen.

«Alles in Ordnung? Was schaust du denn so?» Nach drei Schlucken war Lauren Ralph aufgefallen, dass ich ihn beobachtete.

«Ich überlege, ob du ein untervögelter Start-up-Gründer oder ein drittklassiger Innenverteidiger bist.» Innerer Double-Facepalm. Noch in dem Moment, in dem ich den Satz ausgesprochen hatte, hätte ich meine Worte am liebsten wieder zurück in meinen Mund geschoben. Laut einer Umfrage wünschen sich 91 Prozent aller Männer und Frauen eine Strg-Z-Taste für das richtige Leben. Die gibt es aber nun mal nicht.

Die Mädelsgruppe, die noch immer mit mir am Tresen saß, begann zu giggeln.

Lauren Ralph trat mit großen Schritten auf mich zu. «Was bist du denn für ein Witzbold?»

«Alles gut. Wir spielen hier nur ein Spiel», versuchte ich die zugegebenermaßen nicht komplett unberechtigte Aggression, die mir entgegenschlug, wegzulächeln und Lauren Ralph mit einem charmanten Schulterklopfen, für das ich mich von meinem Barhocker ziemlich strecken musste, für mich zu gewinnen. Klappte so mittel.

«Alles gut, und nur ein Spiel, hm?», wischte Ralph meine Hand von seiner Schulter und stakste noch näher an mich heran. Nun sah er von oben auf mich herab, so dicht vor mir, dass ich den Champagnerperlen-Rest auf seiner Oberlippe sehen konnte. «Und wer ist denn ‹wir›?»

«Wir sind meine, äh ...» Ja, meine was eigentlich? Für «meine Freundin» war es noch viel zu früh, und «meine gute Freundin» war eine Richtung, in die ich eher nicht wollte.

«... meine, äh ...» – «Meine Begleitung, die ich erst seit kurzem kannte, die ich spannend, witzig und attraktiv fand und bei der ich Eindruck machen und nicht direkt wieder verkacken wollte» wäre nicht falsch, aber wohl etwas zu lang gewesen.

«... meine, äh ...»

War gerade auch egal. Denn Method-Man-Mitrapper-Ralph war sofort auf meine Unsicherheit angesprungen.

«Deine ‹äääh›?», äffte er mich mit verzogenen Mundwinkeln nach und zog die Silben lächerlich in die Länge. «Und wo ist deine ‹äääh›? Und wer bist du überhaupt?»

Ich trank den Rest meines Bechers aus und versuchte, ruhig zu bleiben. Ablenkung war gerade vielleicht nicht die schlechteste Taktik. «‹Wer bist du überhaupt?› – das wäre ein super Titel für das Spiel.»

«Du fragst jetzt ernsthaft, wer ich bi...»

«Boah, die Kloschlange ist viel zu ... Gibt es ein Problem?» Karina war wieder da, zwei neue Red Cups bis zum Rand gefüllt in den Händen, und stellte sich neben uns.

«Ist das deine ‹äääh›?» Ralph fletschte die Zähne. Dann wandte er sich an Karina: «Der Typ hier», tippte er mir mit seinem vom überquellenden Schaumwein klebrigen Zeigefinger gegen die Brust, «der beleidigt wild in der Gegend rum.»

Karina sah mich erstaunt an. Und leider nicht auf die Art, als hätte ich Mordseindruck bei ihr gemacht.

«Ja, äh», haspelte ich, «das ist ein Missverständnis, weil...» Weil man Worte nicht einfach wieder zurück in den Mund schieben konnte, es keine Strg-Z-Taste für das echte Leben gab und weil Lauren Ralph offensichtlich ein ziemlicher Vollidiot mit Anger-Issues war. Aber diese Argumente konnte ich im Moment eher schwer zu meiner Verteidigung anbringen.

Meinen Erklärungsversuch unterbrechend, klopfte Ralph nochmals mit seinem Schaumweinfinger gegen meinen Oberkörper. Dieses Mal etwas heftiger. «Untervögelt, meintest du, hm? Und drittklassig, hm? Sag, wo ist denn jetzt deine große Klappe, hm?»

Die drei Mädels neben uns hatten mittlerweile das Weite gesucht.

Ich war von meinem Barhocker aufgestanden, konnte aber

nicht zurückweichen, weil ich den Thekentisch im Rücken hatte. Also blieb ich, wo ich war. Die Blöße, unter der Thekenplatte durchzukrabbeln oder mich mit einem Limbo-Move vor 1-90-Ralph aus der Affäre zu ziehen, wollte ich mir nicht geben.

Karina stellte unsere beiden Drinks ab und stemmte die Hände in die Hüften. «Ich weiß nicht genau, was gerade passiert ist, aber Bastian hat das sicher nicht so gemeint.»

Ralph hatte sich jetzt richtiggehend festgebissen. «Bastian. Aha. Für mich klang das gerade aber sehr so, als hätte Bastian das alles genau so gemeint. Wen kennst du denn hier? Bastian.»

Ich atmete durch. «Nesrin. Also Nesrin hat mich eingeladen. Ich arbeite mit ihr. Hör mal, es ist doch alles okay. Ich meine, es ist doch absoluter Schwachsinn, dass wir uns jetzt hier wegen nichts und wieder nichts streiten.» Ich hatte bewusst «streiten» statt «prügeln» gesagt. Beim «Streiten» hatte ich eine Chance. Beim «Prügeln» hätte mich Ralph vermutlich einfach aufgefressen. Ich wollte diese unangenehme Situation jetzt nur noch aus der Welt schaffen, schon alleine wegen Karina. Meinetwegen würde ich eben zugeben, dass ich ihn beleidigt hatte, Geschichten-ausdenk-Spiel hin oder her. Meinetwegen entschuldigte ich mich bei Ralph.

Dieser schien durch meine beschwichtigenden Worte aus seinem Stress-Film auch wieder etwas zur Besinnung zu kommen. Die Zornesfalten auf seiner Stirn glätteten sich.

Um das Friedensangebot zu unterstreichen, schob ich hinterher: «Wie ich heiße, weißt du ja schon. Bastian. Wie heißt du denn?» Ich streckte dem Stresser-Ralph meine Hand entgegen, und er schüttelte sie tatsächlich.

«Ralf.»

Es ist zweifelsfrei keine angemessene Reaktion darauf, wenn einem jemand seinen Namen nennt, demjenigen laut ins Gesicht zu lachen. Aber es platzte einfach aus mir heraus, zusammen mit einem «Ralf? Ralf-Ralph?! Das ist jetzt nicht dein ...» Noch bevor ich den geprusteten Satz zu Ende sprechen und auch nur auf die Idee kommen konnte, ihn Strg-Z-mäßig wieder zurück in meinen Mund zu schieben, schubste mich Ralf-Ralph so heftig gegen die Theke, dass diese knackend aus der verschraubten Verankerung sprang. Ich rappelte mich auf, wollte auf Ralf-Ralph los, hielt aber inne, als ich bemerkte, dass in der Wohnung mit einem Schlag alle Gespräche verstummt waren. Nur die Musikanlage dröhnte noch aus dem Dancefloor-Zimmer herüber. Die komplette Partygesellschaft jedoch schien sich in der Küche und im Gang davor versammelt zu haben, um uns schweigend anzuglotzen wie einen Autounfall.

Jemand hatte Nesrin geholt, die sich jetzt zu uns durchdrängte. «Was ist hier denn los? Ralf? Bastian? Was zur Hölle?»

«Dein Gast hier hält sich für einen Komiker, Nessi.»

«Und dein Gast ...», wollte ich dagegenhalten, aber Ralf schnitt mir das Wort ab.

«Gast?» Jetzt war Ralf-Ralph es, der lachte. «Vielleicht gehen du und deine ‹äääääääh› jetzt besser woanders ins neue Jahr feiern. Kommt, verpisst euch aus unserer Wohnung.»

Nesrin versuchte noch, ihren Freund zu beruhigen, doch das Kind war in den Brunnen gefallen. Etliche Gäste konnten bezeugen, dass Ralf Feldmacher meine Hand geschüttelt, ich ihn dann aber offen provozierend ausgelacht hatte. Wir mussten gehen. Auf einer Party zu bleiben, auf der einen der Gastgeber nicht mehr haben wollte, hätte sich ohnehin nicht richtig angefühlt.

Konsterniert liefen Karina und ich durch den Regen weg von dem Hochhausblock zurück Richtung Hauptstraße und suchten Schutz unter dem Dach der ramponierten Bushaltestelle, deren Linie uns zurück auf die anderen Rhein-Seite bringen würde. Unaufhörlich trommelte das Wasser vom pechschwarzen Himmel auf das Wellblech, und der Wind trieb die Tropfen unter unseren Unterstand.

Laut Fahrplan kam der nächste Bus erst in einer Dreiviertelstunde. Ich versuchte ein Taxi zu bestellen, aber sowohl die App als auch die Hotlines waren überlastet. Es war kurz vor Mitternacht. Vereinzelt krachten bereits Kanonenschläge durch die Straßenzüge, Raketen zerplatzten fächernd in der in ihrem Schein kurz aufleuchtenden Niederschlagswand.

«Gleich ist es zwölf.» Karina zitterte leicht unter ihrem Wintermantel. Immerhin hatte sie das Schweigen gebrochen, das zwischen uns hing und temperaturmäßig locker mit dem Wetter mithalten konnte.

«Tut mir leid.» Wie gerne ich sie gewärmt hätte. Aber ihre Körpersprache signalisierte, seit wir nach draußen getreten waren, ganz klar Abstand.

«Was jetzt genau?» Ihre Stimme passte zu ihrer Körpersprache.

«Dass du jetzt frierend hier rumstehen musst. Was für ein Idiot, ey.»

«Na ja, ja. Schon. Aber so komplett überraschend war seine Reaktion jetzt auch wieder nicht, oder?» Sie zog sich die

Kapuze über den Kopf und raffte die Jacke enger. Dann, nach kurzer Pause: «War das wirklich nötig?»

«Was? Das Spiel war doch deine Idee.» Meine Fresse, Bastian. So viel zum Thema «nicht direkt wieder verkacken».

Karina blitzte mich im Licht der Straßenlaternen an wie eine Katze. «Und somit ist das jetzt meine Schuld, oder was? Ja, das Spiel war meine Idee. Aber so, dass die Leute nicht direkt mitbekommen, dass wir über sie reden. Wie würdest du denn reagieren?»

«Ich würde auf jeden Fall niemanden durch die Küche schubsen.»

«Du hast ihn bloßgestellt. Sieh das mal aus seiner Sicht. Erst hast du ihn beleidigt, dann nicht gecheckt, dass er der Freund deiner Kollegin ist, und dann hast du ihn ausgelacht. Auf seiner eigenen Silvesterparty. In seiner eigenen Wohnung.»

«Hältst du jetzt zu dem, oder was? Das war doch nur, weil er Ralf-Ralph ...»

«Ich halte zu gar niemandem. Aber manchmal hält man einfach lieber die Klappe.» Wieder nach kurzer Pause: «Und was hat er überhaupt mit ‹Ist das deine äääh?› gemeint?»

«Er wollte wissen, mit wem ich da bin.»

«Und, was hast du gesagt?»

«Äh ...»

«Aha.» Karina ließ mein Gestammel einfach zu Staub zerfallen. Ich hatte den Schirm aufgespannt und hielt ihn so, dass Karina wenigstens einigermaßen trocken blieb. Der Wind zerrte an den Streben und an dem Polyester. Immer neue Raketen zischten jetzt in das Schwarz, und um uns herum heulte und knallte es mehr und mehr. Aus der Entfernung sahen wir, wie sich die Straßen vor den Hochhäusern füllten, die Bewohner an ihre Fenster und Balkone traten, um das Feuerwerk zu sehen und das neue Jahr zu begrüßen.

Nach einem guten Dutzend Herzschlägen sprach meine Begleiterin wieder, jetzt mit etwas milderer Stimme: «Hast du dir eigentlich weh getan?»

«Ich mir nicht, nein. Ralf mir vielleicht ein kleines bisschen.»

«Ob Ralf dir weh getan hat! Mein Gott, du weißt, was ich meine. Das sah schon übel aus, wie der dich da durch die Gegend geschleudert hat.»

«Nur, weil ich unvorbereitet war.»

Karina musste glucksen, verbiss sich aber direkt das Lachen. Wieder völlig ernst sagte sie: «Und was wäre passiert, wenn du nicht unvorbereitet gewesen wärst? Vermutlich genau das Gleiche, oder?»

Jetzt musste ich glucksen. «Quatsch. Ich hätte den Typen im Schwitzkasten durch den Raum gezogen, ihm die Faustknöchel über den Kopf gerubbelt und laut ‹Whooooo's your Daddy› gerufen.»

Lauteres Glucksen, das offenbar ein bisschen schwerer zu verbeißen gewesen war. Dann Karina eindringlicher: «Hast du wirklich überlegt, ob du nach dem Schubser auf den Typen losgehst? Es sah zumindest so aus.»

«Ich habe es kurz in Erwägung gezogen, ja.» Kurz. Sehr kurz.

«Mhm, mhm. Verstehe.» Sie sah mich streng an. «Du, was anderes: Einen Organspendeausweis hast du, oder?»

Jetzt lachten wir beide laut. Die Spannung zwischen uns löste sich wie eine Schlaufe, die durch zu festes Ziehen erst zu einem Knoten geworden war und die man mit einem festen Ruck dann doch freibekommen hatte.

Ich schaute auf mein Smartphone. Das alte Jahr dauerte jetzt noch drei Minuten.

«Und was machen wir jetzt?»

«Weißt du, was das größte Problem an der Sache ist, Bastian?» Karina trat näher unter den Schirm und an mich heran.

«Was?»

«Ich fürchte, du bist ein Mensch, dem ich nicht böse sein kann.» Sie hauchte mir einen flüchtigen Kuss auf die Backe, aber noch ehe ich den Kopf drehen und meinen Mund auf ihren drücken konnte, war sie wieder etwas abgerückt und redete weiter: «Aber gratuliere.»

«Bitte was?» Ich musste aussehen wie ein Bernhardiner, dem man versucht, Einsteins Relativitätstheorie zu erklären.

«Als sie uns bei Ralf und Nesrin rausgeworfen haben, habe ich im Flur einen gerahmten Zeitungsartikel hängen sehen. Ralf ist Fußballer. Dritte Liga. Du gewinnst unser Spiel.»

«Dein Ernst? Verdienter Sieg, würde ich sagen.»

«Glück. Und ein bisschen Pech, haha.» Noch eine Minute bis Mitternacht. «Mit Nesrin wird es vielleicht ein bisschen seltsam, wenn du ihr im Büro wieder über den Weg läufst, was meinst du?» In Karinas Ton hatte sich Schalk gemischt.

«Oh Gott, da habe ich ja noch gar nicht dran gedacht.»

«Tja. Eine Strg-Z-Taste für das Leben wäre was.» Karina kam wieder etwas näher. «Aber ein bisschen so», sagte sie, «ist Silvester ja.»

Wir sahen uns in die Augen.

Null Uhr.

Um uns herum explodierte der Himmel.

6. Kapitel

EINFACH SPAZIEREN

Ein Tag bis Heiligabend

Alles klar mit dir, Junge? Du siehst aus, als hättest du einen Geist gesehen.» Als ich nach dem Telefonat mit Karina wieder ins Esszimmer zurückkomme, ist mein Vater gerade dabei, die Grappagläser aus der Spiegelvitrine zu holen.

«Geht es dir nicht gut? Wer war denn da am Telefon?», fragt meine Mutter, zu gleichen Teilen Fürsorge und Neugier in der Stimme, und verteilt die zu den Gläsern gehörenden Untersetzer.

«Alles okay, vielleicht habe ich nur einfach ein bisschen viel gegessen», gebe ich ausweichend zurück, setze mich auf meinen Platz und bekomme von unserem Familienoberhaupt umgehend 5 cl Moscato eingeschenkt.

«Der räumt auf. So, für wen noch? Und dann stoßen wir mal an, würde ich sagen.» Reihum zeigen Niklas, Eric, Opa Georg, Lisbet und meine Mutter an, wie viel sie gerne aus der bauchigen Flasche eingegossen hätten, dann klirren unsere Schnäpse aufeinander wie ein Windspiel. Salzsäure frisst sich ihren Weg bis in meinen Magen und fräst sich zumindest ein kleines Stück in das flaue Gefühl in meinem Bauch.

Meine Mutter mustert mich von oben bis unten und fühlt meine Stirn mit ihrem Handrücken. «Hat nicht viel geholfen, oder?» Das Mischverhältnis in ihrer Stimme ist jetzt bei zwei Drittel Fürsorge. «Meinst du, du hast irgendwas nicht vertragen? Vielleicht würde dir ja ein bisschen frische Luft ganz guttun, während wir Alten gleich unser Verdauungsschläfchen machen, hm?»

«Perfekt», meldet sich mein Bruder und gibt zu verstehen, dass er gerne noch etwas von dem Klaren nachgegossen hätte. «Dann würde ich dich direkt für eine Stunde zum Kinderwagen-Schieben einspannen. Und wir können uns auch ein bisschen hinlegen, was meinst du, Schatz?» Der Blick, den er in Retour von Fine kassiert, schreit geradezu «Scheidungsgrund».

Die Fingernägel in Niklas' Oberschenkel gekrallt, sieht sie mich an. «Das, glaube ich, ist keine so gute Idee, oder, Bastian?» Das glaube ich allerdings auch. Alleine mit einem knapp fünf Monate alten Winzling. Andererseits: Was genau ist Fines Problem? Traut sie mir nicht zu, für ein lächerliches Stündchen die Obhut für ihr Kind zu übernehmen? Obwohl sie mich schon so lange kennt? Oder noch schlimmer: Vielleicht gerade weil sie mich schon so lange kennt?

Mein Bruder zumindest scheint keine Bedenken zu haben: «Ach, komm schon, Fine. Du brauchst auch mal Pause. Und Lenni tut das ganz gut, wenn er lernt, dass die Mami nicht immer sofort gesprungen kommt, wenn er die Sirene anschmeißt.» Er legt seinen Arm um seine Frau und rutscht näher zu ihr.

Deren Blick bekommt jetzt etwas hektisch Flackerndes. «Wir wollen Lenni ja heute Abend schon alleine lassen, wenn wir Reiner besuchen. Und da passen immerhin deine Eltern auf. Nicht, dass er sich emotional von uns entfernt, Nick. Ich habe da kein gutes Gefühl.»

«Schatz», Niklas nimmt seinen Arm von ihrer Schulter, legt seine Hand auf ihre und drückt diese leicht. «Wir haben darüber doch gesprochen. Und für Basti ist das eine schöne Gelegenheit, seinen Neffen kennenzulernen.»

Meine Eltern beginnen, den Tisch abzuräumen. Lisbet hilft ihnen dabei. Tief einatmend knüllt Fine ihre Serviette zu einem Diamanten, reicht meinem Vater ihren Nachspeisenteller und wendet sich wieder an mich. «Denkst du denn, dass du das schaffst, Bastian?» Jesus Christ. Sie war doch früher nicht so. Nicht ganz so schlimm, jedenfalls.

«Ich denke, dass ich das schaffe, ja. Absolut.» Und wenn ich das nicht denken würde, würde ich es gerade absolut nicht zugeben. Ich habe mittlerweile richtig Lust, mit dem kleinen Würmchen durch den Ort zu laufen und ein bisschen auf andere Gedanken zu kommen.

Fine fährt etwas runter, doch ihr Argwohn ist noch keineswegs ausgeräumt. «Wie wäre denn der Streckenplan konkret? Du packst auf jeden Fall das Babyfon ein.» Sie kramt in der Wickeltasche, die hinter Lennis Maxi-Cosi steht, und zieht ein Walkie-Talkie-artiges Teil heraus. «Wenn ihr euch in einem Radius von maximal 70 Metern ums Haus bewegt, höre ich sofort, wenn es ein Problem geben sollte. Und du kannst auf Gegensprechfunktion schalten, wenn Lennard das Bedürfnis bekommen sollte, meine Stimme zu hören. Er ist ein sehr feinfühliger Bub.»

«Jap, das ist der Basti ebenfalls», wirft Niklas ein und drückt Fines Hand jetzt etwas fester. «Das schaffst du schon, oder, Brüderchen? Eine Stunde.»

Fine zieht ein laminiertes Blatt Papier aus einem Taschenseitenfach und legt es vor mich auf den Tisch. «Das hier ist eine Liste mit sämtlichen Notfallnummern. Meine Handynummer legst du dir am besten direkt auf eine Kurzwahltaste. Und ganz wichtig: Lennard ist allergisch auf Nickel, Penizillin und Hundehaar.» Meine Fresse. Fine ist offensichtlich durchgedreht.

Ich ringe mir ein Lächeln ab. «Notfallnummernliste, Kurzwahltaste, Unverträglichkeiten. Kein Ding. Meine Münzsammlung wollte ich dem Kleinen ohnehin nicht zeigen. Und wenn er ein Antibiotikum brauchen sollte, achte ich darauf, dass er einen Ersatzstoff bekommt und der Arzt kein Dackel ist.» Hammerpointe.

Das Flackern in Fines Augen ist in Flutlichtstärke zurück und morst jetzt SOS. «Bastian, ich verlasse mich auf dich.»

«Ich mach doch nur Spaß, Fine. Haut ihr euch ein bisschen aufs Ohr. Lenni und ich gehen zum Saufen in den örtlichen Stripclub.»

«BASTIAN!»

«Nur Spaß. Mein Gott.» Mein Gott. Und wenn doch etwas passieren sollte, ist der kleine Lenni ohnehin in einem Alter, in dem er sich im nächsten Augenblick schon an nichts mehr erinnern kann.

Mein Bruder hat sich erhoben und trägt seinen kleinen Sohn in seinem Sitz in den Flur, um ihn für den Spaziergang anzukleiden. Fine, die resigniert zu haben scheint, trottet ihm hinterher, die Wickeltasche in der Armbeuge hängend.

«Ich bin nicht sicha, ob ich habe verstanden.» Eric, der unsere Diskussion aufmerksam verfolgt hat, meldet sich zu Wort. «Spazieren is gehen, ja? Draußen.»

«Genau, Eric. Spazieren gehen.»

«Aba spazieren is gehen?»

«Auch.» Physik-Nachhilfe-Nicken. «Möchtest du mitkommen?»

Richtiges Nicken. «Spazieren is gut nach essen, sitzen und lange Autogefahrt ... gefahren, fahrt, fahren ... Wie sagt man?»

«Nach der ‹Fahrt› ist schon richtig. Oh, Opa, ist bei dir alles okay?»

Seit dem gemeinsamen Grappagläschen ist Opa Georg auffällig ruhig gewesen. Ich sehe, wie sich seine Finger um seine Stuhllehnen verkrampft haben, als würde er sich in der Achterbahn am Wagensitz festhalten. Er atmet flach, und sein Blick hat etwas wässrig Trübes. Offensichtlich realisiert er nicht, dass ich ihn anspreche.

Lisbet, die gerade die verbliebenen Teller zusammengestellt hat, legt sorgenvoll die Stirn in Falten und tritt an ihren Lebensgefährten heran. «Georg? Alles in Ordnung. Hast du wieder einen Moment? Wir sind bei Brigitte und Walter zu Hause.» Die Lider meines Großvaters zucken, doch das Trübe in seinen Augen bleibt. Unwillkürlich fühle ich mich an eine alte Festplatte erinnert, die sich aufgehängt hat. An verkantete Zahnräder. Lisbet redet weiter beruhigend auf ihn ein: «Gleich fällt es dir wieder ein. Wir sind mit dem Auto hier. Eric hat uns gefahren. Du wolltest doch Weihnachten bei der Familie deiner Tochter sein. So wie früher. Weißt du nicht mehr?»

«Doch, doch. Natürlich.» Opa Georg hat das Wässrige weggezuckt. Die Festplatte scheint entkeilt. «Natürlich weiß ich das. Und jetzt legen wir uns hin, ja?»

«Machen wir. Warte. Eric, hilfst du Georg nach oben? Ich komme gleich nach.» Lisbet atmet merklich auf, und Eric kümmert sich darum, dass ihr Lebensgefährte sicher zu seiner Schlafstätte kommt.

Als mein Großvater außer Hörweite ist, wendet sich meine Mutter an Lisbet: «Ich weiß, dass das Thema bei meinem Papa nicht einfach ist, aber wart ihr wegen dieser Aussetzer eigentlich noch mal bei eurem Hausarzt?»

«Der hat auch nichts gefunden. Eigentlich ist der Georg für seine 91 recht gesund. Klar, die Sehkraft hat extrem stark nachgelassen, und er braucht sein Hörgerät, aber das ist eben das Alter. Nur manchmal hat er halt diese Momente. Er verliert dann kurz völlig die Orientierung. Er sagt, das ist so, als würde es in seinem Kopf irgendwie dunkel werden. Ich muss dann immer ganz ruhig mit ihm reden, ihm was von früher erzählen oder ihm erklären, wo er sich gerade befindet. Ich bilde mir ein, dass er sich an meiner Stimme entlang dann wieder den Weg nach draußen sucht. Also wieder ins Hier- und-Jetzt. Ich bin nicht so gut im Erklären, tut mir leid. Und sag ihm bitte nicht, dass ich dir das erzählt habe. Er will da gar nicht drüber reden.»

«Aber kommt ihr denn so zurecht?» Mein Vater hat das letzte Besteck in den Geschirrspüler geräumt und schenkt sich ein abschließendes Pippettenschlückchen Moscato nach. «Habt ihr noch mal über die Möglichkeit gesprochen, in eine Seniorenresidenz zu ziehen?»

«Das will der Georg auf keinen Fall. Und seit wir den Eric haben, klappt auch alles wieder so weit ganz gut im Haus.»

In diesem Moment kommt Eric wieder ins Esszimmer, nickt in die Runde, und ich stehe auf, um mit ihm zusammen nachzusehen, ob Lenni startklar ist.

Lenni ist startklar. Mit mehr Schichten als eine genmutierte Zwiebel liegt er im Arm seiner Mutter. Sein Gesicht hat er von uns weg in ihre Schulter gedrückt. Vermutlich. So eingepackt, wie der Kleine ist, kann man nicht erkennen, ob Fine ihn vielleicht versehentlich kopfüber hält. Er sieht aus wie ein mini Michelin-Männchen.

Ich streichle über die Stelle, an der sein Rücken sein müsste. «Können wir los? Es ist ein ganz schönes Stück bis in die Arktis.»

Jetzt muss auch Fine ein bisschen lächeln. «Pass bloß auf, dass der Yeti euch nicht beißt.»

Darauf ich, etwas ernster: «Ohne Spaß jetzt: Wie merke ich denn, wenn dem Zwerg zu warm oder zu kalt ist? Stichwort ‹an das Klima gewöhnen›.»

Niklas kommt vom Hof zurück ins Haus. Er hat in der Zwischenzeit den Kinderwagen aus dem VW Bus geholt. «Das gibt er dir schon zu verstehen, Brüderchen. So ein Baby ist nicht aus Zucker.»

«Auch wenn du so süß bist wie aus Zucker, ne?» Fine gibt Lenni einen langen Schmatzer auf die Stirn, außer den Augen die einzige Lenni-Fläche, die nicht von Klamotten bedeckt ist, und überreicht das Wollknäuel wie eine Ming-Vase ihrem Mann, der mit Eric und mir zum Kinderwagen geht. Nach einer kurzen Verabschiedung brechen wir auf.

Die ersten Minuten sprechen Eric und ich nichts. Ich schiebe den Kinderwagen, mein Begleiter geht ein paar Schritte rechts versetzt neben mir. Lenni pennt tief und fest.

Unsere Schritte und die Reifen des Kinderwagens knirschen auf dem mit Rollsplitt übersäten Teer. Die gefallene Schneeschicht ist so dünn, dass wir kaum Spuren hinterlassen. Wir haben ein paar Grad unter null, und die Wolkendecke beginnt langsam an ein paar wenigen Stellen aufzureißen. Zwischen dem schlierenden Grau, das aussieht wie Malkastenfarbenwasser, in dem die Pinsel zu häufig ausgespült wurden, kämpft sich die Wintersonne ihren Weg durch den verhangenen Himmel, und ich muss an Opa Georg und seine «Momente» denken, aus denen Lisbets vertraute Stimme ihn rauszuholen vermag.

Ich sauge meine Lungen voll Luft. Kalt. Klar. Wie eine Werbung für Fisherman's Friend. Schön, mal wieder hier zu sein. Ich habe meine komplette Kindheit hier verbracht, mit den Nachbarsjungs Banden gegründet, gerauft, Lager gebaut und später mit den Nachbarsmädels Briefe hin und her geschrieben und Händchen gehalten.

Ein konkretes Ziel habe ich nicht. Vom Klettenburgweg hinter dem Häuschen meiner Eltern geht eine nichtasphaltierte Schotterstraße ab, die früher von Feldern und Wiesen umgeben war. Doch freie Fläche gibt es hier keine mehr. Wo mein Bruder und ich früher mit unseren BMX-Rädern Rennen veranstaltet haben, wurde über die letzten Jahre gebaut wie bei MineCraft. Reihenhäuser, Einfamilienhäuser, Doppelhaushälften. In den Gärten stehen mit Netzen eingezäunte Trampoline, hier und da entdecke ich einen abgedeckten Teich oder sogar einen ausgelassenen Pool.

Zur anderen Seite unserer direkten Nachbarschaft geht es zur Hauptstraße, die einmal quer durch das Viertel führt. Die Richtung schlagen wir ein. Vorbei an dem leerstehenden Laden der Metzgerei Finkler, die nach über 35 Jahren im Ort den Betrieb aus Altersgründen eingestellt hat, passieren das Schaufenster der Fahrschule Crazy Drive, das mit Weihnachtsmännern in Cabrios und mit Rentieren mit Verkehrskellen in den Hufen geschmückt ist, und biegen beim Zigarettenautomaten ab nach links Richtung meiner alten Grundschule.

Die Sonne hat den Wolkenvorhang jetzt vollends zerfetzt und schenkt uns einige Momente voll goldener Strahlen. Wir bleiben stehen und strecken unsere Gesichter in das wärmende Licht.

«Das ist wirklich nett von dir, dass du Lisbet und Georg hergefahren hast», sage ich schließlich und gucke mit zusammengekniffenen Augen hinüber zu Eric.

Dieser hat die Augen geschlossen. «Mir das macht Spaß zu helfen. Und ich mag Lisbet und Georg. Sehr.»

«Jetzt bekommst du halt direkt den geballten Kollinger-Wahnsinn mit. Das bei uns zu Hause ist alles nicht so einfach.» Vor allem nicht mit dem, was mir noch bevorsteht.

«Kein Problem», fährt Eric nach kurzem Innehalten fort. «Ein Zuhause haben, das is gut.»

«Wie ist das denn bei dir?», frage ich vorsichtig, bemüht, meinem Gesprächspartner nicht zu nahe zu treten.

«Das mit zu Hause is bei mir … auch nicht so einfach. Aba anders als bei dir.» Eine traurige Schwere schwingt in seinen Sätzen mit wie eine Erinnerung. Ich sehe aus den Augenwinkeln, dass er schluckt, immer noch das Gesicht in die Wärme gestreckt. Ich komme mir wahnsinnig dämlich vor. «Nicht so einfach» bedeutet bei mir, dass es morgen früh eventuell ein bisschen Gedränge um die Badzeiten geben könnte, dass Fine sich in eine Helikoptermutter verwandelt hat und dass ich meinen Eltern irgendwie beichten muss, dass ich Heiligabend nicht mit ihnen verbringen werde, weil ich – oh wie schrecklich – eine neue Freundin habe. Das ist alles. That's it. C'est tout. Was weiß ich, was das auf Spanisch heißt. Das ist mein «nicht so einfach».

Was «nicht so einfach» in Erics Fall alles bedeutet, kann ich nur erahnen.

Zugegeben: Dass der cholerische Vater meiner neuen Freundin mich hasst, noch bevor er realisiert hat, dass ich der Kerl bin, der mit seiner Tochter schläft, ich seinen geliebten Oldtimer zerkratzt habe und ich diesem Verrückten, dessen Ansprüchen ich mit Sicherheit niemals genügen kann, in etwas mehr als 24 Stunden unter die Augen treten muss, wäre durchaus ein Grund, mit einem Schlauchboot die Flucht übers Mittelmeer anzutreten – aber dazu müsste ich später erst mal checken, was Google Maps mir für eine Route vorschlägt.

«Wir gehen weita?» Eine neue Wolkenfront ist aufgezogen und hat begonnen, den Himmel nach und nach erneut zuzuspachteln. Eric dreht sich weg, linst in den Kinderwagen und setzt sich in Bewegung.

Wieder sprechen wir über einen halben Kilometer nichts.

Im Garten meiner früheren Grundschule ist eine große Tanne aufgerichtet. Christbaumkugeln aus Ton, Engel aus Stroh und Sterne aus Holz, die die Kinder im Handarbeitsunterricht gefertigt haben, schmücken die Zweige. Die Fenster der Klassenzimmer sind beklebt mit aus Buntpapier ausgeschnittenen Kerzen. Seit ich die Schule besucht habe, hat sich hier viel getan. Wo früher ein eher baufälliger, trister Eingangsbereich war, lädt heute eine schrill bemalte Aula in das komplett renovierte Gebäude ein. Der hohe Zaun und das Gatter zum vor der Schule liegenden, äußeren Pausenhof sind frisch gestrichen, auf der Freifläche wurden kindgerechte Basketballkörbe, kleine Tore und ein metallenes Federballnetz aufgestellt.

Wir sind nicht alleine unterwegs. Eine Frau, ein, zwei Jahre älter als ich, in dunklen Jeans, Kapuzenjacke und Turnschuhen schiebt uns auf dem Bürgersteig entgegenkommend ebenfalls einen Kinderwagen. Die blonde Tönung ihrer Haare ist etwas ausgewaschen, in der rechten Hand hält sie eine qualmende Zigarette. Ihre Fingernägel sind angeklebt und helllila lackiert. Ihre müden Züge und beginnenden Falten hat sie mit Make-up zu überspachteln versucht, ihr Lidschatten beißt sich mit ihrem Nagellack. Irgendwie kommt sie mir bekannt vor.

«Gute Tag», grüßt Eric und erntet einen kritisch verhaltenen Blick.

«Was machen Sie denn hier an der Grundschule?» Der Ton der Frau ist misstrauisch und scharf.

Eric guckt mich fragend an, und ich antworte: «Nur ein bisschen die Beine vertreten. Und schauen, wie sich das hier alles so verändert hat.»

Den Blick immer noch auf Eric gerichtet, spricht die Frau weiter: «Aha. Ja, es hat sich wirklich einiges verändert.» Dabei überlässt sie es unserer Interpretation, ob sie das generell oder in Bezug auf das Schulgebäude meint.

Ich entscheide mich für das Schulgebäude. «Das sieht schon echt super aus. Wenn ich nur daran denke, wie da zu meiner Zeit der Putz von der Fassade geplatzt ist. Gerade das Sportangebot für die Kids ist klasse. Basketball! Und was hätten wir uns damals über die Tore gefreut. Wobei fangen und verstecken spielen auch okay war. ‹Räuber und Gendarm›. Oder ‹Wer hat Angst vorm schwarzen Mann?›.»

Das Baby im Buggy der Raucherin beginnt zu schreien. Sie reibt sich die Augen, schiebt den Wagen ein paarmal hin und her und schnippt die Kippe in ein Gullygitter. «Sie waren auch an der Schule?» Sie hält eine neue L&M in die Flamme ihres Feuerzeugs. «Ich dachte mir doch, dass ich Sie schon mal gesehen habe. Also dich.»

Jetzt fällt es mir wieder ein. Das ist Daniela Schuhbauer, die zwei Straßenzüge weiter in der Kleestraße gewohnt und die Grundschule eine Klasse über mir besucht hat. Was war das für ein cooles Mädchen gewesen. Als ich einmal auf dem Nachhauseweg vom Fußballplatz von zwei Jungs von der Hauptschule angegangen und verprügelt worden bin, war sie, die gerade mit ihrem Hund Gassi ging, mir zu Hilfe gekommen. Ihr Brüllen und der große Schäfer haben meine Angreifer in die Flucht geschlagen. Ein Jahr lang waren wir richtig gute Freunde gewesen, bis wir uns, nachdem sie nach der vierten Klasse auf die weiterführende Schule gewechselt war, aus den Augen verloren hatten. Ihren weiteren Lebensweg habe ich dann nur noch am Rande und über Hörensagen mitbekommen. Sie hat eine Ausbildung zur Gärtnerin begonnen und aufgrund einer frühen, ungeplanten Schwangerschaft abgebrochen, was sie einige Wochen zum Dorfgespräch gemacht hatte. Den Vater des Kindes hat sie geheiratet, ist aber – wenn man dem vertrauen kann, was einem der Facebook-Feed über Likes und Kommentare von Freunden von Freunden von Bekannten so alles in die Timeline spült – inzwischen wieder geschieden und lebt jetzt mit einem aus der Nähe von Nürnberg stammenden Tankstellenbetreiber zusammen.

«Bastian Kollinger, oder?» Ihre Zigarette glimmt, als sie tief in den Brustkorb inhaliert.

«Daniela! Mensch. Das ist ja eine Ewigkeit her.» Und dann, um das folgende, etwas zu lange dauernde Schweigen zu beenden, füge ich an: «Ich wusste gar nicht, dass du rauchst.» Top Conversation-Starter, Bastian. Als Zehnjährige hat sie damals noch nicht eine Fluppe nach der anderen weggezogen. Jetzt schon. Absolut etwas, das man als Smalltalkeinstieg hervorheben sollte.

Schulterzucken bei Daniela. «Was bleibt einem denn sonst noch? Das lass ich mir nicht auch noch nehmen.» Sie hält mir ihre Schachtel hin, die ich mit einem Fingerzeig ablehne. Mit dem Kinn auf ihren Kinderwagen deutend fährt sie fort: «Ich kann ja nun endlich wieder. Nach Balg Nummer vier ist jetzt aber auch mal Schluss.»

«Vier Kinder? Na, nicht schlecht.»

«Irgendwie müssen wir ja dagegenhalten, oder?» Ihre rasselnde Lache klingt nach rostigen Ketten auf Asphalt. «Was machst du denn in der Heimat? Ich dachte, ich hätte irgendwo gehört, dich hätte es ins Rheinland verschlagen. Nach Köln.»

«Familie besuchen. Über Weihnachten.»

«Solange wir noch unser christliches Weihnachten feiern dürfen, sag ich immer.» Oh Gott. Wieder rostiges Kettenrasseln meiner ehemaligen Grundschulfreundin. Sie zeigt auf Lenni, der gerade aufgewacht ist und neugierig um sich schaut. «Ist das deines?»

Noch bevor ich etwas erwidern kann, macht Eric einen Schritt nach vorne, um sich vorzustellen. «Hallo. Ich bin Eric.» Er streckt Daniela die Hand entgegen, die diese zögerlich ergreift.

«Oh, wie unhöflich von mir, sorry, Eric. Daniela und ich kennen uns ... von früher.» Ich hoffe wirklich, dass Eric diese

Information als die Entschuldigung begreift, die sie ist, und versteht, warum wir nicht längst das Weite gesucht haben. Lange will ich diese Unterhaltung nicht mehr führen. Was Daniela in ihrer Freizeit macht und mit was für Leuten und Meinungen sie sich umgibt, kann ich mir nach diesen wenigen ausgetauschten Sätzen zusammenreimen. Sie und mich verbindet absolut nichts, außer eine verschwommene Kindheitserinnerung. Aber wenn ich das Gespräch zu abrupt und womöglich unfreundlich beende, bin ich für sie nur der weggezogene arrogante Großstädter. Und ich möchte hier nicht als das Arschloch aus dieser Konversation rausgehen.

«Dass ihr kennt, das, ich habe ... wie sagt man?»

«Kombiniert?», schlage ich vor, und Eric nickt strahlend.

«Kombiniert», wiederholt er und schüttelt Danielas Hand so euphorisch, als würde er ihr zum Gewinn des Integrations-Bambis gratulieren.

«Hast du denn zu irgendjemandem von damals sonst noch Kontakt?», bemühe ich mich das Gespräch so seicht wie möglich am Laufen zu halten und mit dieser Oberflächlichkeit schon mal den Abschied einzuleiten.

Die Bambi-Gewinnerin klopft die Asche von ihrer Zigarette. «Über Facebook-Gruppen bin ich noch zu einem Teil von früher vernetzt, ja.»

«Ah, okay. Auf Facebook bin ich kaum mehr. Ab und zu noch durchklicken und Geburtstagserinnerungen. Das war's eigentlich.»

«Ich schick dir gerne mal eine Einladung in unsere Gruppen. Da checkst du erst mal, was wirklich abgeht, das sag ich dir. Kannst du dir gar nicht vorstellen.» Kann ich mir eigentlich ganz gut vorstellen, doch.

Eric schaltet sich wieder ein: «Wir werden alle Freunde auf Facebook?»

Daniela kichert in sich hinein, was sich jetzt anhört, als hätte sie eine erstickende Klapperschlange in ihrer Lunge: «Na, das gäbe aber ein Hallo bei meinen Leuten.» Dann wendet sie sich, einen gehässig-ironischen Unterton anschlagend, direkt an den Mann aus Ghana. «Wie lange wollen Sie denn bleiben?»

«Bleiben? Is nicht mein Entscheidung. Ich bin nur fahren... Gefahra... gefahrt, Gefahrt... Wie sagt man?»

«Gefährte», korrigiere ich Eric mit einem Lächeln, streife ihn seitlich am Oberschenkel und schaue Daniela, die wieder einen tiefen Zug nimmt, ins Gesicht. «Lebensgefährte.»

Der Hustenanfall, der Daniela Schuhbauers Oberkörper erschüttert, erinnert an den Director's Cut von *Der Exorzist*. Rauch schießt ihr aus Mund und Nase, und Schleim sammelt sich in ihrer Mundhöhle. Sie sieht aus wie ein schwer erkälteter Drache. Etwa eine halbe Minute dauert das Schauspiel, dann hat sie sich gefangen, würgt runter, wischt sich über die spröde Oberlippe und sieht uns an wie Außerirdische. «Ihr seid... du bist... Mit einem... Bist du deshalb nach Köln gezogen?» Ohne meine Antwort abzuwarten, fährt sie, mit der Zigarette Richtung Lennis Kinderwagen fuchtelnd, fort: «Und das da ist dann... Habt ihr...?»

«Adoptiert», ergänze ich ihre schlimmste Befürchtung. «Irgendwie müssen wir ja dagegenhalten, oder?»

Daniela zieht aus ihrem Rachen hoch und spuckt aus. Der Auswurfklumpen hat die Größe, Konsistenz und Farbe eines eitrigen Golfballes. Grußlos macht sie auf dem Absatz kehrt, dreht ihren Kinderwagen mit sich herum und hetzt davon.

Eric blickt ihr ratlos hinterher. «Was sie hat für Problem?»

«Ich weiß gar nicht, wo ich da anfangen soll. Sie denkt, wir sind ein Paar.»

«Ein paar was?»

«Nein, ein Paar. Paar. Zusammen. Liebespaar.»

Zuerst bekomme ich von meinem Gegenüber das altbekannte, leere Physik-Nachhilfe-Nicken, doch dann zeichnet sich auf Erics Gesicht ab, dass er die Formel verstanden hat, was allerdings nahtlos übergeht in einen so erschrockenen Ausdruck, als wäre er versehentlich über die Entdeckung der Kernspaltung gestolpert.

«Eric, das war nur ein ...»

«WIR?» Mit einem Mal wiehert Eric so schallend und aus voller Kehle, dass ich befürchte, die Alarmanlagen der am Straßenrand geparkten Autos könnten auslösen. «EIN LIEBEPAAR?» Er schüttelt sich und hält sich johlend den Bauch. Jetzt pruste ich ebenfalls los. Etwa für die Länge einer kleinen Pause stehen der Ghanaer und ich so vor meiner alten Grundschule, bis wir uns wieder eingekriegt haben. Wir stützen uns auf unsere Oberschenkel. Lenni ist von unserem Gelärme alles andere als begeistert und nörgelt unverständlich in sein Deckchen. Mein Zwerchfell schmerzt. Eric wischt sich die Tränen von den Wangen, wird dann ernster und fragt: «Und Liebe, diese Frau, sie findet schlecht?»

«Ich fürchte, ja.»

«Hm.» Eric beginnt wieder zu kichern. «Muss ich dich jetzt meine Vata vorstellen?»

Ach, wenn es doch so einfach wäre. Ich klatsche ihm grinsend auf die Schulter, und wir treten den Nachhauseweg an.

7. Kapitel

DAS SIEHT GAR NICHT GUT AUS

Meine Eltern sitzen am Küchentisch. In der Mitte der Tischplatte brennen die vier Kerzen am Adventskranz, deren kleine Flammen tanzende Schatten an die Wand hinter der Eckbank werfen. Die Heizung knackt. Das Radio läuft leise im Hintergrund. Chris Rea, «Driving Home for Christmas» klingt aus den Stereoboxen. Mein Vater blättert in der Sonntagsausgabe der Lokalzeitung, meine Mutter hat einen «leichten Nachmittagshappen» vorbereitet, den sie vor dem Abendessen servieren will, und sortiert ein Plätzchentablett thematisch nach Geschmacksrichtungen. Unschlüssig stehe ich in der Tür.

«Na, Sohnemann?» Ohne von einem Bericht über die Weihnachtsfeier der freiwilligen Feuerwehr mit der Überschrift «Löschen impossible» aufzublicken, schiebt mein Vater mir einen Kuchenteller auf meinen Stammplatz, und ich setze mich an das Kopfende.

Wir sind alleine in der Küche. Niklas, Lisbet und Opa Georg sind immer noch nicht wieder von ihrem Verdauungsschläfchen erwacht, Fine ist damit beschäftigt, zu kontrollieren, ob ich Lenni unversehrt und mit allen Gliedmaßen intakt zurückgebracht habe, und Eric hatte sich nach unserem nachmittäglichen Ausflug ein wenig zurückgezogen.

«Greif ruhig schon zu. Ich glaube, die anderen brauchen noch ein bisschen.» Meine Mutter hat angefangen, einen Schokoladenkuchen, dessen dunkler Kakaoüberzug beim Zerschneiden knackend aufbricht, in daumendicke Stücke aufzufächern. Generell sieht der von ihr vorbereitete «leichte Happen» etwa aus wie die Finalrunde eines Konditorenwettbewerbs. Neben dem Schokokuchen und verschiedenen Keksen gibt es Kokosmakronen, Schlotfeger, Zimtsterne, Mandelsplitter, Nussecken, Vanillekipferl, Stollen, eine Bratapfeltorte und so viel geschlagene Sahne, dass die Kühe der örtlichen Molkereibetriebe alle Burnout erlitten haben müssen. Ich beginne mit zwei Teilen Spritzgebäck, drei Spekulatius und einer Scheibe von meinem Lieblingsnusszopf.

Mein Vater hat seinen Artikel fertiggelesen. «Na, schön, dass du deinen Appetit wiedergefunden zu haben scheinst, Bastian. Die Mama und ich hatten schon befürchtet, du hättest dir was eingefangen.» Er schlägt die Seite um und studiert minuziös die Wetteraussichten für die nächsten Tage.

«Geht schon wieder», gebe ich mit vollem Mund zurück. Wer kaut, muss nicht so viel reden. Und wer nicht so viel reden muss, hat eine Galgenfrist.

Chris Rea ist in der Zwischenzeit zu Hause angekommen. Jetzt singen Frank Sinatra und Dorothy Kirsten «Baby, It's Cold Outside», und sie haben recht. Mit unserer Rückkehr hat es heftig zu schneien begonnen.

Der Blick nach draußen in die zart beginnende Abenddämmerung fühlt sich an, als hätte jemand eine Schneekugel geschüttelt. Dicke Flocken wirbeln vom Himmel und bedecken die Dächer, Hofeinfahrten und Jägerzäune der Nachbarhäuser. Glatt und makellos bleibt die weiße Schicht auf den Terrassen und Gartenflächen liegen, wächst Minute um Minute, Zentimeter für Zentimeter. Hier und da entdecke ich vereinzelte Tapser schüchterner Katzenpfoten und schnelle Schuhabdrücke auf dem Weg zur Garage oder zum Briefkasten. Lichterketten leuchten in den umliegenden Fenstern, mit Nelken gespickte Orangen, Tannenzweige und Holzfiguren schmücken die Fensterbretter. Es ist das erste Mal in diesen Tagen, dass bei mir so etwas wie Weihnachtsstimmung aufzukommen beginnt.

Meiner Mutter scheint es ähnlich zu gehen. «Auch schön, wenn sich der ganze Stress mal für einen Moment legt, oder?» Sie gießt sich heißes Wasser aus einer mit blauen Ornamenten verzierten Porzellankanne in ihre gläserne, dickwandige Teetasse. Die dampfende Flüssigkeit schwemmt über den Beutel, färbt sich rot und verströmt behaglichen Hagebuttenblütenduft.

«Gleich geht das wieder rund, wenn alle ausgepennt haben und zur Raubtierfütterung runterkommen», erwidert mein Vater und widmet sich nach dem Wetterbericht jetzt einem Absatz über eine Pralinenmanufaktur ein paar Orte weiter, der mit der Headline «Köstlichkeiten, von denen man nie ge-Nougat» betitelt ist.

«Ja, aber jetzt gerade kann man doch mal ein bisschen durchschnaufen, Walter.» Sie verrührt einen halben Löffel Zucker in ihrem Tee und guckt auf die Uhr, um die Ziehzeit zu erfassen. «Und ist doch auch schön, dass die Familie endlich wieder zusammenkommt. Das ganze Haus ist so richtig lebendig.»

«Bin ich dir sonst nicht lebendig genug?», schmunzelt mein Vater, der jetzt bei den Todesanzeigen angelangt ist.

«Du immer mit deinen Sprüchen», schmunzelt meine Mutter zurück und nimmt sich eine Nussecke.

«Schaffst du das denn alles, Mama? Sagst du bitte, wenn ich irgendetwas helfen kann, ja?» Ich steche einen Lebkuchen mit einer Gabel entzwei und beiße in die Oblate und den fluffigen Teig.

«Du bist jetzt einfach mal ein paar Tage Gast, Basti», entgegnet meine Mutter lieb-bestimmt und zupft an der Teebeutelschnur.

«Aber mich kannst du bitte einspannen, Brigitte.» Die Zeitung zusammenraffend sondiert mein Vater jetzt ebenfalls das aufgebaute Buffet und entscheidet sich für ein Stück Torte. «Den Baum wollen Fine und Niklas heuer schmücken. Ich habe also Kapazitäten.» Er zwinkert seiner Frau zu und schiebt sich einen respektablen Berg Bratapfelfüllung in den Mund.

Meine Mutter pustet in ihre Tasse und dreht sich wieder zu mir. «Lenni ist schon zum Fressen, oder?» Irgendetwas hat sich in ihre Stimme gemischt. Zuneigung. Aber auch Mitgefühl. Ihre Frage klingt fast so, als wolle sie sich bei mir rückversichern.

«Der ist wirklich unfassbar süß, ja», gebe ich ehrlich zurück. Meiner Mutter scheint das zu genügen. Und mir genügt das definitiv.

Dean Martins «Let It Snow» liefert jetzt den Soundtrack zu dem dichter und dichter werdenden Schneegestöber, das die ersten dünneren Äste und Zweige der Bäume in den umliegenden Grundstücken sich biegen lässt.

«Sieht so aus, als bekämen wir doch noch richtig weiße Weihnachten, was?» Meine Mutter nippt von ihrem Heißgetränk. «Herrlich ist das. Alle da. Vier Generationen. Alle gesund. Alle unter einem Dach. Mehr kann eine Mutter sich für Heiligabend wirklich nicht wünschen.»

«Großartig, dann kann ich die Kette, die du dir als Geschenk ausgesucht hast, ja wieder in den Laden zurückbringen. Musst du dir dann nicht mal selber einpacken», wirft mein Vater ein und bekommt den Fuß meiner Mutter halb zärtlich, halb mit Schwung gegen das Schienbein.

Ich nehme mir ebenfalls eine Nussecke. Langsam merke ich jedoch, wie ich nicht mehr kann.

Dean Martin hat es fertigschneien lassen. Davon kann bei uns absolut nicht die Rede sein. Wenn die weiße Pracht weiter so vom Himmel fällt, werden die Straßen in ein paar Stunden unbefahrbar sein. Und wenn das Wetter sich auch morgen nicht ändert, sollte man das Haus besser gar nicht mehr verlassen. Geräumt wird bestimmt nicht werden. Der Winterdienst hat auch Weihnachten. Ist auch richtig so. Da muss ich das Treffen mit Karinas Eltern also wohl oder übel absagen. Schade, schade. Mit dem letzten Bissen schüttle ich diese Gedanken ab.

«Mama, Papa, ich muss euch etwas sagen.»

Das Radio ist aus. Meine Mutter hat es während meiner Erklärung abgeschaltet, um besser folgen zu können und nicht abgelenkt zu sein.

«Und wie lange gehst du jetzt schon mit dieser Karina?», will sie wissen und ist offensichtlich immer noch dabei, sich nach meiner Beichte zu sortieren.

«Wir haben da keinen festen Jahrestag oder so», antworte ich etwas kleinlaut, aber froh, mir endlich alles – von meiner neuen Freundin, von der Misere mit Heiligabend, dem Unfall mit Luger und den Problemen mit der Reparatur – von der Seele geredet zu haben.

«Kein Jahrestag? Das ist nicht so schlecht. Dann kann man den wenigstens nicht vergessen.» Mein Vater scheint seine Fassung bereits wiedergefunden zu haben.

Ich hatte meine Geschichte dreimal von vorne beginnen müssen, ehe ich sie fertigerzählen konnte. Nach den ersten Sätzen waren zunächst Niklas und Fine, beim zweiten Versuch dann Opa Georg und Lisbet und zuletzt schließlich Eric zu uns gestoßen. Wenn sie schon mal hier waren, konnte ich meinen Offenbarungseid auch direkt allen vortragen.

Mein Smartphone mit einem Foto von Karina macht die Runde.

«Hübsch», kommentiert Fine, zupft Lenni, der wieder in seinem Maxi-Cosi liegt, die Söckchen zurecht und gibt das Telefon weiter.

«Sieht nett aus, dein Hase», nickt Opa Georg und bekommt von Lisbet das Handy richtig herum gedreht.

Dann meldet sich wieder mein Vater: «Ganz ehrlich: Ein bisschen recht geschieht dir das alles schon, Basti. Erst sagst du nichts, und dann entscheidest du dich Weihnachten für eine andere Familie.»

«Aber so richtig was dafür kann er doch gar nicht, Walter», nimmt meine Mutter, bei der mein iPhone inzwischen angekommen ist, mich in Schutz.

«Jetzt bist du natürlich am Arsch, wenn du da morgen aufkreuzt, kleiner Bruder.» Niklas kann eine gewisse Schadenfreude nicht verheimlichen. Will er vermutlich auch gar nicht.

«Muss diese Ausdrucksweise sein, Niklas?», wird er direkt von Lisbet ermahnt, die dann aber ihrerseits von meiner Mutter unterbrochen wird.

«Nick hat recht, Basti, du bist am Arsch.»

«MAMA!» Mütter sollten dazu da sein, einem Mut zuzusprechen, einen aufzubauen, einem mit einem «Kriegen wir alles hin, wird alles gut» die Angst zu nehmen, egal wie tief man in Schwierigkeiten steckt. Eine Mutter, die einem schonungslos «Du bist am Arsch» ins Gesicht sagt, ist wie ein Rettungssanitäter, der einem bei der Erstversorgung mit den Worten «Ach du Scheiße, oh, oh, oh, oh, das sieht aber gar nicht gut aus» entgegenkommt. Aber gutes Zureden hätte mich jetzt ohnehin nicht weitergebracht. Ich habe für morgen einen Plan. Doch für den brauche ich Hilfe – vor allem die von Eric.

8. Kapitel

GUT IN DEN TAG KOMMEN

Neun Stunden bis Heiligabend

57 Prozent aller Boxer, die in Interviews über die Nacht vor einem wichtigen Kampf sprechen, erzählen, dass sie sich, um sich zu beruhigen, beim Einschlafen vorstellen, sie hätten den Kampf schon hinter sich. Die Schlacht wäre schon geschlagen, alles wäre vorüber. Dabei ist es für den Kopf zweitrangig, ob man sich sagt, das Gefecht sei gewonnen oder verloren worden. Es geht nur darum, die Anspannung über die vor einem liegende Mammutaufgabe abperlen zu lassen. Ziel ist es, dem Druck ein mentales Schnippchen zu schlagen.

Allerdings müssen Boxer die Nacht vor einem Wettkampf auch nicht auf der Wohnzimmercouch im Elternhaus verbringen, eingerollt in einen Schlafsack, weil das eigene Bett vom Fahrer der Großeltern belegt ist.

Trotzdem fühle ich mich einigermaßen – und somit überraschend – ausgeruht, als ich an diesem 24. Dezember aufwache. Das ist auch wichtig. Dies wird ein anstrengender Tag.

Es ist 7.59 Uhr. Weihnachtsmorgen. Kurz vor Sonnenaufgang.

Den gestrigen Abend habe ich mich noch lange mit meinen Eltern unterhalten und mit ihnen viel über Karina gesprochen. Was für ein Mensch sie ist, dass sie mich mit ihrer entspannten Art immer wieder auf den Boden holt und mich nimmt, wie ich bin. Ich habe ihnen erzählt, wie ich Karina letztes Jahr im Hirschwirt zum zweiten Mal kennengelernt und wie sie mich dann in Köln besucht hatte. Wie wir wegen mir von der Silvesterparty geflogen waren, habe ich mal noch außen vor gelassen.

Nach und nach haben meine Eltern ein Bild von meiner Freundin bekommen und sich mehr und mehr für mich gefreut. Bevor sie ins Bett gegangen sind, habe ich versprechen müssen, ihnen Karina so schnell wie möglich vorzustellen. Und den Abend mit Eberhard Luger, für den mein Vater mir noch eine Flasche Wein aus dem Keller mitgeben will, würde ich schon irgendwie durchstehen.

Werde ich auch. So denn mein Plan funktioniert. Nach dem Gespräch mit meinen Eltern habe ich gestern Abend noch an der Tür meines alten Zimmers geklopft. Eric war noch wach, und ich habe mich ihm gegenüber auf den Rand des Heimtrainers gesetzt. Was ich von ihm wollte, hat er auf Anhieb verstanden, und er hat sich bereiterklärt, mir zu helfen.

Jetzt heißt es: Gut in den Tag kommen.

Eine angenehme Ruhe liegt über den beiden Stockwerken bis hinunter in den Keller. Ich rolle mich aus meinem Kokon, ziehe meine Jogginghose und einen dicken Pulli über meinen Schlafanzug, schlüpfe in meine Wollsocken, husche erst in die Toilette hier im Erdgeschoss und dann in die Küche.

Außer mir scheint noch niemand auf den Beinen zu sein. Ich ziehe mir einen mittelstarken Kaffee aus dem geliebten Vollautomaten meines Vaters, drehe die Heizung auf, setze mich alleine an den Küchentisch, nehme mir einen Vorfrühstückskeks aus einer mit Eisblumen und Schlittschuh fahrenden Kindern bemalten Plätzchendose und schaue mich um. Ein ausgedrucktes Exemplar des Badplans, den mein Vater gestern mit allen nun bekannten Konstanten nochmals final überarbeitet hat, liegt auf dem Stapel mit der Zeitung und den Werbeprospekten. Der in bunten Kästchen angeordnete zeitliche Ablauf liest sich wie ein Musikfestival mit Indie-Bands. In acht Minuten tritt der Underground-Geheimtipp Opa Georg auf, der diesen frühen Slot aufgrund von Schlafgewohnheiten extra in seinem Rider stehen hat. Ihm folgt mit ein bisschen Überschneidung fürs gemeinsame Feature Publikumsliebling Lisbet. Danach gehört die Mainstage der Sensation aus Ghana, Eric. Co-Headliner sind Walter (Papa) und Brigitte (Mama). Für den abschließenden Hauptact Fine und Niklas, die zusammen mit Specialguest Lenni (tba) auftreten, hat der Veranstalter ganze 90 Minuten Bühnenzeit eingeplant. Eröffnet wurde das Line-up vor etwas mehr als einer halben Stunde von – fuck – Bastian.

So viel zum Thema «Gut in den Tag kommen». Mir bleiben sieben Minuten für Zähne putzen und duschen. Das wird knapp, ist aber zu schaffen. Ich schlinge meinen Keksrest hinunter, kippe meinen Kaffee in die Spüle, renne auf Zehenspitzen, was in etwa aussehen muss wie ein gedopter Balletttänzer auf der Flucht, ins Wohnzimmer, kralle mir ohne abzubremsen frische Klamotten und meinen Kulturbeutel und haste so lautlos wie möglich die Treppe hoch nach oben ins Badezimmer. Wie erwartet ist es frei. Ich werfe meine Zahnbürste auf die Waschbeckenablage, passe auf, dass die Borsten nicht versehentlich das Muschelstück von Opa Georgs Hörgerät berühren, das dieser vor dem Zubettgehen dort abgelegt hat, häute mich aus Jogger, Pyjama und Socken und will gerade in die Dusche steigen, als mir auffällt, dass ich die für mich von meiner Mutter bereitgelegten Handtücher unten vergessen habe. Das ist mir letztes Jahr schon mal passiert, was zu einer unschönen Trocknungserfahrung mit dem Badvorleger geführt hat.

Also wieder rein in die Schlafanzughose, runter ins Wohnzimmer und mit meinem Frotteestapel unter dem Arm direkt zurück in die Nasszelle. Sechs Minuten. Ich lege das Körper- und das Haarhandtuch griffbereit über die Milchglas-Duschwand und drehe das Wasser auf. Schnellwaschgang. Ich lasse den heißen Strahl kurz über Kopf und Schultern laufen und beginne parallel, mich einzushampoonieren. Schaum gleichmäßig verteilen, Schlafsand und Hautschuppen von Augen und Gesicht reiben, Ohren ausspülen. Fast fertig. Ich bin sensationell gut in der Zeit.

In dem Moment, als ich mir gerade das letzte Head and Shoulders abbrausen will, höre ich, dass jemand an der Badtür ist. Vier Minuten zu früh. Und dass ich in der Hektik vergessen habe abzuschließen, fällt mir auch erst ein, als die Tür sich mit quietschender Klinke bereits einen Spalt geöffnet hat.

«Hier ist besetzt!» Zische ich, den Wasserhahn zudrückend, aus der Kabine Richtung Eindringling.

Keine Reaktion. Jemand tatscht nach dem Lichtschalter, und es wird erst kurz dunkel und dann, nach einem zweiten Tatschen, wieder hell in dem mir zur alleinigen Nutzung zustehenden Raum.

«Hier ist schon jemand drihin!», mache ich mich jetzt etwas lauter bemerkbar. Leider mit dem gleichen Ergebnis. Ich spitzle durch die Schiebetür der Duschkabine und sehe, wie Opa Georg hinter sich abschließt und, langsam einen Fuß vor den anderen setzend, auf das Waschbecken zusteuert. Jede seiner Bewegungen ist wie in Zeitlupe.

«OPA, DU BIST ZU FRÜH.» Auch mein Rufen bemerkt der 91-Jährige nicht. Wie auch? Sein Hörgerät liegt immer noch neben meiner Zahnbürste. Sehen kann der greise Mann mich ebenfalls nicht. Seine Brille hat er nicht auf, und ohne diese Sehhilfe ist er so gut wie blind. Alles außerhalb eines Radius von zehn Zentimetern liegt für ihn im Nebel, der ihn kaum Tag von Nacht unterscheiden lässt.

Seine Morgenroutine scheint bei meinem Großvater trotz der fremden Umgebung allerdings fest verankert zu sein. Eine kleine Melodie summend tastet er die auf dem Waschtisch, dem Sims und dem Fensterbrett liegenden Hygieneutensilien ab, als wären sie das Besteck beim Dinner in the Dark. Nach ein paar Sekunden wird er fündig. Er greift einen Zahnputzbecher, den er gestern offenbar gezielt auf der Ablage platziert hat, und fischt sein darin abgelegtes Gebiss heraus, das er sich, immer noch summend, in den Mund schiebt. Er beißt zweimal klackend aufeinander, bis die Dritten sitzen, und spült sich dann den Rachen aus. Leider scheint er beim Griff nach der Mundspülung nicht ganz so zielsicher gewesen zu sein. Statt seiner Pfefferminzlösung hat er das Parfüm meiner Mutter, das diese von meinem Vater wie jedes Jahr zum Geburtstag geschenkt bekommen hat, erwischt, was er nach dem zweiten Gurgeln mit einem lauten Würgen bemerkt. Er spuckt röchelnd und fluchend das Cloé Eau in den Siphon, hängt sich unter das Leitungswasser, spült, will sich das Gesicht abtrocknen, findet kein Handtuch, irrt, durch den Fehlgriff sichtlich aus dem Konzept gebracht, orientierungslos wie eine heisere Fledermaus durch den Raum und zieht, als er diese erfühlt, kurzerhand meine Duschhandtücher von der Kabinenwand.

«HEY!» Mein Protest bringt natürlich gar nichts. Ich bin der sprichwörtliche begossene Pudel. Schaumreste hängen mir in den nassen Haaren und unter den Achseln, Gänsehaut bildet sich vom Nacken über die Oberarme. Langsam beginne ich zu frieren. Ich überlege, ob ich meinen Großvater durch den Kabinenschlitz mit der Brause anspritzen soll, um seine Aufmerksamkeit zu erregen und ihn mit dem Wasserwerfereinsatz gegebenenfalls aus dem Badezimmer zu vertreiben, doch der hat in Sachen Morgentoilette bereits den nächsten Schritt eingeleitet. Er ist nackt. Sein Nachtgewand liegt als Haufen auf dem Badhocker. Hautlappen hängen von seinem knochigen Körper, der, runzlig und von Altersflecken und Muttermalen übersät, aussieht wie Melisandre, die Rote Zauberin aus *Game of Thrones*, wenn sie ihre Halskette verlegt hat.

Für etwa 60 Sekunden verharrt Opa Georg regungslos wie eine Statue in der Zimmermitte. Kurz wirkt es, als würde er im Kopf durchgehen, welchen Punkt der Bad-Checkliste er als nächsten abzuhaken hätte, dann fasst er sich an den Bauch und tappt, so wie Gott ihn schuf, an der Fliesenwand entlang, bis er mit dem Fuß gegen den Lokus stößt. Er schiebt den Klodeckel nach oben, dreht sich einmal um die eigene Achse und setzt sich mit einem leisen Aufstöhnen vorsichtig auf die Keramik. Ich wende mich ab und ziehe die Kabinentür zu. Na, wenigstens pinkelt mein Großvater im Sitzen, denke ich noch, als – verstärkt vom Resonanzkörper der Kloschüssel – ein sich überschlagendes Donnern, gepaart mit einem sturzflutartigen Schwall das Badezimmer erschüttert. Eine Furzflut. Es klingt, als würde jemand vor einem astronomischen

Lautsprecher das erste Mal Tuba üben. So, als würden sich Opa Georgs Gedärme brüllend nach außen stülpen.

«Da war irgendwas mit dieser Mundspülung nicht in Ordnung», höre ich meinen Großvater nun über ein zweites Tuba-Donnern hinweg eine Selbstdiagnose stellen.

Was ich nicht sehen konnte, kann ich jetzt riechen. Eine faulige Dunstwolke, die jede Betrugs-Software sämtlicher Autoabgas-Schummler an ihre Grenzen bringen würde und vom Verursacher mit einem fast schon respektvollen «Oha» kommentiert wird, breitet sich im Bad aus wie eine ABC-Waffe und kriecht durch die Spalten, Ritzen und Fugen der Dusche. Jetzt bin ich es, der würgen muss. So wie mein Großvater ohne Brille und Hörgerät einfach seinen Seh- und Hörsinn abschalten kann, würde ich jetzt ganz gerne auf meinen Geruchssinn verzichten. Mein Magen zieht sich krampfend zusammen, in meiner Gurgel sammelt sich Speichel, und ich kann gerade noch meine Armbeuge auf Mund und Nase pressen, bevor mir der Vorfrühstückskeks rückwärts durch die Speiseröhre geschossen kommt. Es ist grausam. Ich muss hier raus. Oder wenigstens ein Fenster öffnen. Um durch dieses geöffnete Fenster auf die Straße zu springen.

Meinem Opa aber scheint es besserzugehen. Ich höre, wie er mit vierlagigem Papier abwischt und abzieht. Dann wäscht er sich, wieder diese kleine Melodie auf den Lippen, die Hände, wobei er anschließend abermals meine Handtücher zu benutzen scheint. «Hmmm, hm, hm, hmmmmmm.» Nun erkenne ich auch, welche Tonabfolge er da summt. Es sind die trauten Töne seines geliebten Weihnachtsliedes «Stille Nacht, heilige Nacht». Ich muss alle Willenskraft aufwenden, dass die Synapsen meines Gehirns meine Kindheitserinnerungen, die fest mit dieser Melodie verkoppelt sind, nicht mit dem hier Erlebten überschreiben, das sich wie ein Brandzeichen in mein Gedächtnis zu fressen versucht. Wie mein Großvater will ich mit diesem Lied einzig und allein die Geborgenheit, das Glück und die Ruhe der Weihnachtszeit verbinden – und nicht die Ausdünstungen des unter Magen-Darm-Problemen leidenden, entkleideten Georgs.

Raus jetzt! Flach durch den Mund atmend öffne ich, immer noch am ganzen Körper tropfend, den Blick auf den Boden gesenkt, die Kabinentür und will aus der Dusche steigen. Vielleicht schaffe ich es, mich wenigstens grob mit meinem Pyjama abzurubbeln, in meine Boxershorts zu springen, mir meine restlichen Sachen und meinen Kulturbeutel zu schnappen und unbemerkt aus dem Raum zu schleichen. Zähne putzen kann ich auch unten, die nassen Haare trockne ich einfach an der Heizung. Ein solider Fluchtplan. Doch leider nicht umzusetzen. Der blinde, immer noch taube und wahnsinnig nackte Georg versperrt mir den Weg wie ein exhibitionistischer Türsteher. Die Arme ausgebreitet und links und rechts an den Milchglaswänden abgestützt, lässt er mir keine Möglichkeit, an ihm vorbeizuschlüpfen. Wirklich alles, alles an dem alten Körper hängt und schlabbert, als wäre er eine ausgeleierte Rosine. Mit Schrecken realisiere ich in diesem Moment, warum mein Opa sich bis jetzt nicht seinen Gehörsinn wieder zurückgeholt und sein Hörgerät wieder eingesetzt hat. Opa Georg will ebenfalls duschen. Jetzt.

Mit den Zehen fühlt der alte Mann Stückchen um Stückchen nach vorne, um nicht über die Duschwannenstufe zu stolpern, und steht dann – nach einem wippenden Schritt, mit seinem wippendem Schritt – direkt vor mir in der Nasszelle. Bemerkt hat er mich Gott sei Dank noch immer nicht. Noch bin ich außerhalb seines Sichtradius. Nun heißt es: Jegliche Berührung unter allen Umständen vermeiden. Abgesehen davon, dass ich bei direktem Hautkontakt wohl den Rest meines Lebens von Albträumen heimgesucht werden würde, könnte sich mein Großvater so erschrecken, dass sein Herz einfach stehenbleiben würde. Und auf die unausweichliche Befragung durch den den Tod feststellenden Notarzt würde ich gerne verzichten:

«Und wie, sagen Sie, ist Ihr Großvater ums Leben gekommen, Herr Kollinger?»

«Herzinfarkt. Er hat sich erschrocken. Schlimme Sache. Aber er war auch schon 91 Jahre alt. So, ich muss dann mal ...»

«Ja, das habe ich schon verstanden. Eine Sekunde noch. Können Sie denn etwas genauer ausführen, was dem armen Mann so einen Schrecken eingejagt hat?»

«Nun, na ja ... Das kann theoretisch alles ...»

«Ich muss Sie bitten, meine Fragen wahrheitsgemäß zu beantworten. Also?»

«Ähm, ihm ist beim Duschen aufgefallen, dass ich ebenfalls mit in der Duschkabine war.»

«Nur, dass ich das noch mal richtig wiedergebe: Sie waren mit ihrem Großvater zusammen duschen?»

«Das ist korrekt.»

«Er war komplett nackt? Und Sie ebenfalls?»

«Na, Herr Doktor, duschen Sie etwa angezogen?»

«Es geht hier nicht um mich, Herr Kollinger.»

«Ich würde jetzt gerne mit meinem Anwalt sprechen.»

Eine Horrorvorstellung.

Opa Georg hangelt sich inzwischen am Brausenschlauch

und der Halterungsstange entlang über die Mischbatterie zum Wasserhahn. Das furchtbarste Blinde-Kuh-Spiel meines Lebens. Um jegliches Touchieren unserer Körper zu vermeiden, presse ich mich so heftig an die feuchten Fliesen, dass sich das Fugenmuster in meinen Rücken drückt. Dann werden die Finger meines Großvaters fündig, und er dreht die Brause auf. Survival-Mode! Wie Neo bei *Matrix* ducke ich mich unter dem Wasserstrahl hindurch, drehe mich wie ein Ninja um den fleckigen Schlabber-Opa-Leib und zwänge mich aus der Dusche.

Abrubbeln mit meinem Schlafanzug, rein in die Boxershorts und meine Jeans, Socken, Shirt und Pulli. Kulturbeutel und Zahnbürste nehmen, schnellstmöglich raus aus dem Bad und das Erlebte so gut es geht verdrängen. Es ist noch einigermaßen früh am Morgen. Es besteht eine gute Chance, dass mein Hirn diesen traumatischen Vorfall tatsächlich einfach nur als Albtraum abspeichert.

Gerade in dem Moment, in dem ich den Schlüssel an der Badtür umdrehen und das Weite suchen will, klopft es. Ich erstarre.

«Georg? Georg, bist du dadrin?» Lisbets Stimme raunt in besorgtem Ton durch das Holz. «Georg? Brauchst du Hilfe?» Mein Großvater, der weder vom Klopfen noch von den Fragen etwas mitbekommt, hat das Wasser abgedreht, um sich einzuseifen. Lisbet drückt die Klinke, doch die abgesperrte Tür lässt sich nicht öffnen. Sie rüttelt und drückt, doch ohne Erfolg. «Hast du wieder einen Moment? Wir sind bei Brigitte und Walter zu Hause. Du bist im Badezimmer. Gleich fällt es dir wieder ein.» Kurze Pause. Abermaliges Rütteln. «Georg? Georg? Geht es dir gut? Ich hol jetzt den Walter, der soll die Tür aufbr...»

Ich atme tief durch und drehe den Schlüssel um.

«Bastian? Was machst du denn mit Georg im Bad. Duscht er?»

«Guten Morgen, Lisbet. Alles in Ordnung. Der Opa stand plötzlich vor der Tür. Ich glaube, er hat seine Brille vergessen. Aber Papas Badplan ist ja so eng getaktet, da wollte ich keine Zeit verlieren und habe ihm bei der Morgentoilette geholfen.»

«Ach, das ist ja nett von dir. So einen Enkel kann man sich tatsächlich nur wünschen. Und ich dachte schon, es wäre was passiert.»

«Nein, nein. Alles gut.» Also, bis auf die Bilder, die ich vielleicht nie wieder aus meinem Kopf bekommen werde. Ich streiche Lisbet, deren sorgenvolle Miene sich jetzt wieder entspannt hat, über den Arm. «Aber vielleicht sprichst du den Opa nicht darauf an, dass er Unterstützung gebraucht hat. Ich glaube, das ist ihm ein bisschen unangenehm.»

9. Kapitel

HIGHWAY TO THE DANGER ZONE

Drei Stunden bis Heiligabend

Eric ist ein ausgesprochen netter Kerl. Hilfsbereit, höflich und zuvorkommend. Er hat Humor, ist wissbegierig und interessiert sich für seine Mitmenschen. Es gibt nichts Negatives, was ich über meinen neuen Freund zu sagen hätte. Außer, dass er auf Schnee ein unfassbar schlechter Autofahrer ist.

Im Schneckentempo schleifen, schlittern und rutschen wir die Landstraße dahin wie jemand, den man das erste Mal in Schlittschuhe gesteckt und direkt auf dem zugefrorenen Yukon River ausgesetzt hat. Hochkonzentriert hängt Eric hinter dem Lenkrad, fokussiert, mit Opa Georgs altem Mercedes die Spur zu halten. Dabei ist die Straße vor maximal einer halben Stunde geräumt und gestreut worden. Und den seit heute Morgen sachter fallenden Neuschnee hat das Gewicht der vor uns hier entlangfahrenden Fahrzeuge zu einer bretthartensi Schicht gepresst. Nichts, was einen so geübten Autofahrer an seine Grenzen bringen dürfte. Aber Eric steht der Schweiß auf der Stirn.

So wahnsinnig verwunderlich ist das natürlich nicht. Die Jahresdurchschnittstemperatur in seinem Heimatland liegt bei 30 Grad. So etwas wie Jahreszeiten gibt es in Ghana nicht. Und ich bezweifle, dass der ADAC vor Ort Fahrsicherheitstrainings in Eis- und Skihallen anbietet, um die dortigen Autofahrer auf einen überraschenden Wintereinbruch vorzubereiten – Klimawandel hin oder her. Gut möglich, dass sich Eric gerade zum ersten Mal in seinem Leben mit diesen Witterungsbedingungen konfrontiert sieht.

Und ich habe leicht reden. Ich habe es auch dieses Jahr wieder nicht geschafft, den Führerschein zu machen. Trotzdem bin ich kurz davor, Eric zu fragen, ob ich für ihn übernehmen soll. Denn ewig Zeit haben wir nicht mehr. Genau genommen tickt die Uhr bedrohlich und unaufhaltsam. Und ich habe den Eindruck, dass wir unsere Geschwindigkeit stetig reduzieren, statt mal ein bisschen auf die Tube zu drücken. Noch langsamer, und wir fahren rückwärts. Ich schaue aus meinem Seitenfenster, um zu kontrollieren, ob wir bereits von ambitionierten Winterwanderern überholt werden. Werden wir nicht. Und weit ist es ja auch nicht mehr. Aber knapp wird es nun mal trotzdem.

«In 300 Metern rechts abbiegen und dem Straßenverlauf für einen Kilometer folgen, dann befindet sich Ihr Ziel auf der rechten Seite», weist uns die Navigationsapp auf meinem Smartphone an.

«Hast du gehört, Eric? In 300 Metern nach rechts. Also etwa in 35 Minuten.» Der Angesprochene hält die Augen weiter fest nach vorne gerichtet. Ich glaube, geblinzelt hat er nicht mehr, seit wir kurz nach dem Mittagessen losgefahren sind.

«Wie is die deutsche Wort fur Leute, wo einfach nur dumm reden, aba selba kein Ahnung haben, Bastian?» Vielleicht sollte ich mich mit meinen Kommentaren ein wenig zurückhalten.

«Weiß ich jetzt gerade gar nicht. Ich glaube, dafür haben wir gar kein Wort. Ich meine ja nur, ob du vielleicht ein kleines bisschen schneller ...»

«Doch, doch. Da gibt es eine Wort. Glutschissa? Blutscheida? Zugscheißa?»

«Zugscheißer, genau. Stimmt.»

«Du bist eine Zugscheißa, Bastian.»

«Tut mir leid. Wirklich toll, dass du mir hilfst.» Ich höre auf, ihn zu bedrängen, beuge mich zur Rückbank, um eine Flasche Wasser aus unserem Proviantkorb zu holen, und nehme einen Schluck. Meine Mutter scheint schon geahnt zu haben, dass Eric und ich eventuell etwas länger für die insgesamt rund 40 Kilometer weite Strecke brauchen könnten. Neben Getränken hat sie uns so viele Brote eingepackt, dass Hänsel und Gretel mit den Krumen locker wieder aus dem Amazonas-Regenwald gefunden hätten. Dazu ein paar Äpfel, Bananen und natürlich: Plätzchen. Ein Best-of ihres Selbstgebackenen.

«Jetzt abbiegen. Danach dem Straßenverlauf für einen Kilometer folgen.» Wir tun, wie uns von der Navigationsapp geheißen, und biegen von der Schnellstraße ab, als Eric abrupt auf den Seitenstreifen lenkt und abbremst. Vor uns liegt ein kleiner Weg, der sich in einer langgezogenen Rechtskurve um ein Waldstück windet. Also ich vermute, dass das da vor uns ein Weg ist. Der Abstand der Streckenbegrenzungen, Leitplankenstreben und Leitpfosten deutet zumindest darauf hin. Und auf der Navigationskarte ist er auch eingezeichnet. Zu sehen ist er allerdings nicht. Auf diesem Untergrund hat es offensichtlich niemand für nötig befunden zu räumen. Der Schnee liegt mindestens 25 Zentimeter hoch. Nur zwei tiefe, von breiten Reifen in den Schnee gedrückte Rillen durchziehen das Weiß.

Mein Handy-Display zeigt mir an, dass uns etwas über fünf Minuten bleiben, wenn wir noch pünktlich ankommen wollen. Zu knapp, um auszusteigen und zu Fuß durch die Winterlandschaft zu stapfen.

«Schaffst du das?» Ich schaue zu Eric hinüber, der die Situation erst einmal verarbeiten muss.

«Muss ja, oda?»

«Ich fürchte ja.»

«Na dann.»

Langsam gibt Eric Gas. Viel zu langsam. Im Vergleich zu jetzt war unsere Fahrt auf der Landstraße der reinste Geschwindigkeitsrausch. Wie bei dem Geschicklichkeitsspiel «Der heiße Draht» steuert er bedächtig die vorgefahrene Spur entlang, bemüht, die Schneekante auf keinen Fall zu berühren. In diesem Tempo wird das nicht reichen. Mein ganzer schöner Plan scheint zum Scheitern verdammt, bevor er richtig begonnen hat.

«Vielleicht würde es schneller gehen, wenn wir einfach warten, bis der Schnee im Frühjahr zu tauen beginnt?» Nicht gerade motivierend. Aber ich sitze auf glühenden Kohlen.

«Kannst du einmal still sein? Is bessa.»

«Sorry. Ich bin nervös. In fünf Minuten machen die dicht. Wir kommen zu spät.»

Wieder tritt Eric auf die Bremse. Der Wagen rutscht einen Meter, bevor er stehen bleibt. Er nimmt mir die Plastikflasche aus der Hand, trinkt ebenfalls, gibt mir das Wasser zurück und sieht mich an. «Bist du geschnallt?»

«Was?»

«Dann halt dir mal gut fest.»
«Was?!»
Eric rammt den ersten Gang ins Getriebe. Ich schließe die Augen und bereite mich auf das Schlimmste vor. In Gedanken sehe ich schleudernde Reifen, den Drehzahlmesser im roten Bereich, wie die Schneeflocken an unseren Fenstern vorbeischießen wie die Sterne an der in den Warp-Antrieb schaltenden Enterprise und wie wir in der vor uns liegenden Kurve von unserem eigenen Heck überholt werden. Überschlag, Tankexplosion, Feuersbrunst. Aber noch haben wir uns nicht bewegt. Noch stehen wir. Kurz bevor mein Leben anfängt, vor meinem inneren Auge an mir vorbeizuziehen, beginnt Eric zu schreien. «AAAAAAAAAAAAAAAAAAH!» Ein Schrei voller Todesmut. Ein Schrei, der mich an auf das feindliche Heer zustürmende Krieger auf dem Schlachtfeld erinnert. «AAAAAAAAAAAAAAAH!» Ich öffne die Augen. Eric schreit immer noch wie Braveheart William Wallace vor dem entscheidenden Gefecht, klatscht sich mit den Handflächen auf die Wangen und fährt an. Die Geschwindigkeitsanzeige klettert. Allerdings langsamer als Opa Georg, wenn er versucht, alleine die Haustürstufen hinaufzusteigen. Ich entspanne mich etwas. Eric nicht. Er brüllt und brüllt. «AAAAAAAAAAAAAAAH! AAAAAAAAAAAAAAAH!» Die Tachonadel hält er mittlerweile beständig auf 25 km/h. Schneller werden wir auch nicht mehr. Trotzdem klebt Eric hinter der Windschutzscheibe wie ein Kamikaze-Pilot. Ich trinke noch einen Schluck und schalte das antike Benz-Radio an, um eventuell den passenden Soundtrack für diese Szenerie zu finden: «The Final Countdown», «500 PS» oder den Soundtrack zu *Top Gun*, «Danger Zone». Doch das Gerät

bringt nur Rauschen hervor, und ich drehe es wieder ab. Der dünne Sound der eurostückgroßen Böxchen hätte Erics unvermindert anhaltendes «AAAAAAAAAAAAAAAH» vermutlich ohnehin nicht ansatzweise zu übertönen vermocht.
«AAAAAAAAAAAAAAAH! AAAAAAAAAAAAAAAH!»
Wir zuckeln weiter durch die bereits vorgefahrene Reifenspur.
«AAAAAAAAAAAAAAAH! AAAAAAAAAAAAAAAH!»
Zu meiner Rechten schleicht die Landschaft vorbei, zu meiner Linken brüllt der Mann aus Ghana und beruhigt sich erst, als wir die zu bewältigenden eintausend Meter nach von ihm durchgeschrienen zweieinhalb Minuten geschafft und unser Ziel erreicht haben: Die Schrott- und Teilehandlung Rudolf Bernauer, die am Ende der langgezogenen Biegung neben einem Bauernhof liegt.

Die Pupillen voller Adrenalin und schwer atmend lenkt Eric den 1970er Benz durch das schmiedeeiserne Tor. Die Auffahrt des Schrottplatzes ist leidlich geräumt. Eric parkt den Mercedes neben einem großen Jeep und lässt sich nach hinten in die Rückenlehne fallen.

«Geht es dir gut?» Ich reiche ihm die PET, die er mit zitternden Händen an die Lippen setzt.

«Ich dachte, wir schaffen nicht.»

«Ja, war auf jeden Fall krass. Danke, dass du das durchgezogen hast.»

Eric schenkt mir ein Lächeln und zieht den Zündschlüssel ab.

Wir schlüpfen in unsere Jacken, legen unsere Schals an, steigen aus und schauen uns um.

Das Gelände hat etwa die Größe eines Fußballfeldes. Ein imposanter Greifbagger steht am Fuße eines großen Wertstoffmüllberges wie ein überdimensionaler Wachhund, daneben tut sich der Schlund einer massiven Schrottpresse auf. In Dreierstapeln liegen alte, ausgeschlachtete Cabrios, Coupés, Viertürer, Sprinter und Lieferwagen übereinander wie Blechsandwiches. Zehn mal zehn Reihen ausrangierter Kraftfahrzeuge zähle ich. Dazwischen rostende Busse, Krankenwagen und Traktoren. Hinter den aufgebahrten Karosseriegerippen befinden sich eine fensterlose, verschlossene Lagerhalle und ein blau gestrichener Bauwagen, aus dessen schmalem Schornstein dunkler Rauch aufsteigt.

Wir gehen durch den Fahrgestellfriedhof, und ich klopfe dreimal laut an der Bauwagentür. Drinnen brennt Licht. Zu hören ist allerdings nichts. Ich gucke auf die Uhr. Geöffnet hat die Schrotthandlung auch heute am Vierundzwanzigsten. Bis zwei stand auf der Gewerbewebsite. Das haben wir um eine Minute unterboten. Ich bekomme eine mulmige Vorahnung. Es war schon niemand ans Telefon gegangen, als ich die auf der Website angegebene Nummer angerufen hatte, um mein Kommen anzukündigen. Trotzdem waren Eric und ich aufgebrochen. Eine andere Möglichkeit hatte es nicht gegeben. Der Schrotthof Rudolf Bernauer ist nach meiner Internetrecherche der einzige Gebrauchtwagenteilehändler im Umkreis, der eine instandgesetzte, jägergrün lackierte Fahrertür für einen Jaguar XJ6 zum Verkauf anbietet. Und die muss ich haben.

Ich poche erneut an die Einstiegsluke des Wohncontainers. Nichts.

«Bastian!» Eric, der einmal um den Wagen herumgegangen ist, winkt mich zu sich heran und signalisiert mir, durch eine Glasscheibe in das Wageninnere zu gucken. Ein speckiger Stofffetzen hängt an ausgefransten Ösen über einer Gardinenstange. Durch den vergilbten Stoff hindurch erkenne ich eine vertrocknete Zimmerpflanze auf einer Kommode an der hinteren Wagenwand. In der linken Ecke, neben einem aufgerissenen Kartoffelsack ist ein rußiger Kohleofen an ein Kaminrohr angeschlossen, auf dessen Platte eine verbeulte Espressokanne geschoben wurde. Auf einem durchgewetzten Kanapee in der Raummitte liegt unter einer Decke ein circa sechzigjähriger Mann – Rudolf Bernauer, dessen Gesicht auf der Startseite seiner Homepage abgelichtet ist. Er wirkt aufgebläht, seine Augen sind offen und starr, vor ihm auf dem Boden steht ein fast leerer, durchsichtiger Plastikkanister, ohne Etikett und mit klarem Inhalt. Shit. Ohne zu zögern, werfe ich mich mit der Schulter gegen die Bauwagentür, bekomme das zusammengeleimte Spannholz tatsächlich aus dem Schloss gedrückt und springe hinein, Eric mir dicht auf den Fersen.

Drinnen riecht es, als hätte sich jemand im Hochsommer in die überfüllte U-Bahn übergeben. Süßliche Schwere vermischt mit beißendem Schweiß machen die Luft zum Schneiden dick. Der Anblick des auf dem Sofa ausgestreckten Bernauer tut sein Übriges. Es schüttelt mich. Für das sich uns hier darbietende Szenario gibt es nur eine Erklärung: der Kohleofen. Kohlenmonoxidvergiftung. Der leise Killer. Der arme Schrott-Rudolf muss – betrunken von dem undefinierbaren Kanistergesöff – erstickt sein. Eric scheint zum selben Schluss gekommen zu sein. Wir ziehen uns die Schals über Mund und Nase, reißen die Fenster auf, um die schlimmsten Dämpfe aus dem Raum ziehen zu lassen, und sterben beinahe selbst vor Schreck, als wir uns wieder umdrehen und Rudolf Bernauer mit einem Luftgewehr auf uns gerichtet hinter uns steht.

«Wer seid ihr?» Seine Stimme klingt verwaschen. Am aufgedunsenen Körper trägt er eine mit Flicken vernähte Latzhose, die über seinem Schmerbauch spannt. Darunter ein Karohemd mit Senf- und Eiflecken. Seine Füße stecken in schweren Arbeiterstiefeln. Seine fettigen Haare hängen in grauen Strähnen über die Schläfen, sein Bart ist schuppig, seine adrige Knollennase laternenrot. Er sieht aus wie eine Mischung aus dem Red Nose Reindeer und allen Ludolfs. Der Rudolfs.

«Warum sind Sie nicht tot?», entgegne ich verdutzt und nehme die Hände nach oben. Keine sonderlich nette Begrüßung, Bastian.

«Wieso tot?» Der Rudolfs ist sichtlich verwirrt, greift rücklings nach dem etikettlosen Kanister und hält uns dabei weiterhin mit seinem Gewehr in Schach. «Habe mich nie lebendiger gefühlt.» Er nimmt einen gurgelnden Zug direkt aus dem offenen Plastik, verzieht das Gesicht und hält mir den Behälter hin. «Das pfeift durch. Willst du? Aber schön die Hände oben lassen.»

«Wie soll ich denn dann trinken?»

«Jetzt nicht eine Zugscheißa sein, Bastian», raunt mir Eric, ebenfalls die Hände zur Decke gestreckt, durch zusammengebissene Zähne zu. «Is bessa.»

Wieder Verwirrung bei Bernauer. Meinen Einwurf analysierend fixiert er erst meine Hände und dann sein Gefäß. «Okay, die Runde geht an dich.» Vorsichtig nimmt er die Waffe runter. «Aber keine Dummheiten machen, klar?» Er ext den letzten verbliebenen Flüssigkeitsrest, dessen Terpentinnote bis zu uns wabert und den er mir eben noch angeboten hat, und mustert uns aufmerksam. «Also, was wollt ihr hier?»

«Sie sahen aus, als würden Sie Hilfe brauchen.» Eigentlich hat er ausgesehen, als würde er keine Hilfe mehr brauchen.

«Ich habe mich nur kurz hingelegt.»

«Ihre Augen waren offen.»

«Passiert mir manchmal. Dürfte der Grund sein, warum es keine Frau lange mit mir aushält, was? Haha!» Er gackelt kehlig, wirft das Luftgewehr auf seine Couch und holt eine neue Terpentingallone aus einem Einbauschrank. «Trinkt ihr einen mit?»

Wir verneinen beide, was Bernauer, der sich – tatsächlich aber auch nur sich – ein Glas hingestellt hat, aber nicht weiter zu stören scheint. Großzügig schenkt er sich ein.

«Sie haben ein Tur fur Jaguar XJ6?», bringt Eric das Gespräch auf das Thema, wegen dem wir ursprünglich hergekommen sind.

Der Rudolfs spitzt die Ohren. «Wer will das wissen?»

«Ich. Und der Bastian.» Eric nickt mir zuversichtlich zu.

«Also, ich habe eine solche Tür, ja. Hinten in der Lagerhalle. Wollt ihr die kaufen?»

«Mussen kaufen.»

«Ah, ihr seid Kunden. Sagt das doch gleich. Darauf trinke ich. Prost.» Er toastet uns zu, klappt den Kopf in den Nacken, schließt dann erst das von Eric und dann das von mir aufgerissene Fenster und bleibt mit dem Blick auf dem Hof hängen. «Ist das eurer, da draußen?»

«Der Mercedes? Der gehört meinem Großvater», antworte ich seinem Blick folgend.

«Schöner Wagen. 220er von 1970. Ein ‹Strich 8›. Als Limousine mit Schaltgetriebe gibt es den heute kaum noch. Falls du den zeitnah erbst, meld dich bei mir.» Kehliges Gackeln, gefolgt von einer durch einen Terpentinschluck verzerrten Mundpartie.

«Was würden Sie für die Jaguar-Tür denn haben wollen? Auf Ihrer Homepage stand kein Preis», komme ich wieder auf unser Anliegen zu sprechen.

«Fünfhundert.» Fuck. Immer noch günstiger als die drohenden Reparaturkosten, aber fuck.

«Kann man da an dem Preis noch was machen?»

«Nein.» Fuck, fuck.

«Aber es ist Weihnachten», probiere ich es auf die rührselige Tour.

«Weihnachten ist mir komplett egal. Ich bin Buddhist.»

«Sie sind Buddhist?»

«Buddhist, ja. Oder wie heißt die Religion, wo einem 99 Jungfrauen zustehen und man in allen Monaten, die mit einem R enden, nichts Unalkoholisches trinken darf?»

«Das ist gar keine Religion, glaube ich.»

«Der gehöre ich auf jeden Fall an. Was die Tür kostet, habe ich schon gesagt?» Langsam dämmert Eric und mir, dass Rudolf Bernauer ein wenig einen an der Klatsche zu haben scheint. Er geht zu seinem Ofen, tränkt ein Kohlebrikett mit einem Schwall Kanisterflüssigkeit, öffnet die Heizluke und wirft den schwarzen Brocken in die Glut, die diesen umgehend gierig zu verzehren beginnt. Einen weiteren Schluck lässt er in den Tontopf seiner ausgedörrten Zimmerpflanze laufen, die aussieht, als würde sie bei der kleinsten Berührung zu Staub zerfallen. Dann wendet er sich wieder an uns: «Also, für fünfhundert könnt ihr die Tür direkt mitnehmen. Ich akzeptiere Bargeld, Sofortüberweisung, EC-Karte, Kreditkarte und unter anderem Bitcoin.»

«Man kann bei Ihnen mit Kryptowährungen bezahlen?»

«Bevorzugt Bitcoin. Sonst Ether, XRP, EOS, Stellar, Litecoin, Cardano, IOTA, Tether ... Wie ihr bezahlt, ist mir egal. Hauptsache, ihr bezahlt.»

«Ich hätte 400 Euro.» Und dann leider keinen gemeinsamen Urlaub mit Karina mehr.

«Fehlen dir noch 100.» Bernauer lässt sich ächzend auf sein Sofa fallen, streckt die Beine aus und scheint kurz nachzudenken. «Besitzt ihr was anderes, das ihr mir anbieten könnt? Etwas von Wert?»

«Ich wüsste nicht, was.»

«Eine wertvolle Briefmarkensammlung?»

«Nein.»

«Schmuck?»

«Nein.»

«Ein Erstgeborenes?»

«Kein eigenes, nein.»

«Dann wird es schwierig.» Bernauer kratzt sich den Bart. «Allerdings», fügt er nach einem Moment des Innehaltens an, «ich glaube, ihr habt doch etwas, was ihr tauschen könntet. Und das habt ihr sogar hier.»

Ich taste meine Taschen ab. Außer meinem Portemonnaie, meinen Schlüsseln und meinem Handy habe ich nichts bei mir. «Ich befürchte fast, dass ich Ihnen da wenig Hoffnung machen kann.» Eric schüttelt ebenfalls betreten den Kopf.

«Oh, und wie du das kannst.» Rudolf Bernauer erhebt sich staksig, den Schnapskanister in der Armbeuge, und steigt aus seinem Bauwagen.

Bei den folgenden Verhandlungen bin ich nur Zuschauer. Und mehr als Physik-Nachhilfe-Nicken habe ich gerade auch nicht beizutragen. Ich verstehe kein Wort. Eric allerdings offenbar schon. Er ist wirklich fit, was diese alten Karren angeht. In seiner Heimat ist er lange als Kfz-Mechaniker tätig gewesen, und ‹da gibt eigentlich nur alte Fahrzeug›.

Und offenbar haben wir etwas, was Bernauer unbedingt will: das Autoradio. Ein original Becker-Nadelstreifen-was-weiß-ich-für-eine-Buchstaben-und-Zahlen-Kombination. Sammlerwert: über 700 Euro. Boom!

Nur einig werden die beiden sich nicht. Ja, wir brauchen die Tür, aber den Differenzbetrag bar ausgezahlt zu bekommen, würde sich irgendwie nicht richtig anfühlen. Da habe ich einen Einfall. Mit dem Rücken zum Mercedes flüstere ich Eric meinen Vorschlag ins Ohr. Der grinst und unterbreitet dem Rudolfs unsere Forderung. Dann haben wir einen Deal.

Nach einer Stunde Aus- und Umbauzeit fahren wir vom Hof. Rudolf Bernauer winkt uns, das Becker-Radio in der Hand, hinterher. Die Jaguar-Tür haben wir gerade so in den Kofferraum bekommen. Die Bassbox unserer neuen Hi-Fi-Anlage, die wir als Dreingabe für unseren Tausch erhalten haben, nimmt mehr Platz weg, als wir zuerst gedacht haben.

Ich verbinde die Playlist meines Smartphones mit der jetzt im Armaturenbrett blinkenden Konsole und drehe den Verstärker auf. *Top Guns* «Danger Zone» ballert aus dem neuen wuchtigen Lautsprecherset, lässt das Blech unseres Daches beben und übertönt Erics erneut einsetzendes «AAAAAAAAAAAAAAAH!», als wir mit beständig gehaltenen 25 km/h über den verschneiten Weg zurück Richtung Landstraße zuckeln.

10. Kapitel

ALLE ANDEREN KÖNNEN EINPACKEN

Heiligabend

Wer in der Lage ist, ein Geschenk sauber und ordentlich einzupacken, der hat sein Leben im Griff. Papierecke auf Papierecke, Kante auf Kante. Alles perfekt in festlich bedrucktes Glanzpapier eingeschlagen, glattgestrichen und mit einem Schleifchen verziert. Hier noch ein Sternchen, da noch eine Quaste. Ein, zwei Streifen Tesafilm an den tragenden Stellen. Fertig. Akkurat. Ein Zeugnis von Charakterstärke. Die Verpackung ein Spiegel des Ich, des sozialen Status, des kulturellen Horizonts und der Zukunftspläne. Keine Eselsohren. Keine überstehenden Falten. Keine Knickse und Knitter. Auf keinen Fall! Denn eine tadellose Verpackung ist eine Visitenkarte. Ein Versprechen, dessen Einlösung herbeigesehnt wird.

35 Minuten habe ich gebraucht, um den 2015er Château Pédesclaux 5ème Cru Classé Pauillac aus dem Keller meines Vaters für Karinas Vater Eberhard Luger so in Geschenkpapier einzuschlagen, bis das Ganze nicht mehr ausgesehen hat, als hätte ich die Flasche bruchsicher für einen Umzug eingewickelt.

Geschenke einpacken liegt mir nicht. Ich packe ein wie jemand, dem man alle Finger gebrochen hat. Was sage ich gebrochen? Abgehackt. Entweder das von mir abgeschnittene

Geschenkpapier ist um exakt fünf Millimeter zu kurz, oder ich rolle so viele Schichten um mein Geschenk, dass man denken könnte, ich hätte vor, Atommüll strahlungssicher zu entsorgen. Als müsste ich einen Druckverband anlegen, hätte beim Erstehilfekurs aber nicht richtig aufgepasst.

Den Wein habe ich meinem Vater selbstverständlich bezahlt. Zwar hat dieser sich mit Händen und Füßen gegen mein Geld gewehrt, aber ich habe darauf bestanden – auch nachdem er mir den Preis für den «edlen Tropfen» genannt hatte.

Ich bin fünf Minuten vor der vereinbarten Zeit am Anwesen der Familie Luger angekommen, meinen Rucksack über der Schulter, einen Aral-Tankstellen-Blumenstrauß für Karinas Mutter in der Linken, den Wein – mein vordergründiges Präsent für Eberhard Luger – in der Rechten. Für mein eigentliches Geschenk für den Richter ist Eric zuständig.

Von Bernauers Autoteilehof hatte dieser mich in einem Schwung zum Haus von Karinas Eltern kutschiert. Langsam, größtenteils sehr langsam waren wir von der Landstraße über die Autobahn zurück Richtung Schwarzendorf gefahren, hatten vor dem städtischen Industriegebiet die Abfahrt des Stadtteils Buchenbach genommen und den Mercedes in einer Parkbucht an der Hauptstraße geparkt. Die restlichen Meter bin ich zu Fuß gegangen. Eric wartet im Wagen auf mein Startsignal per WhatsApp.

Unser Plan ist waghalsig, aber machbar: Sobald ich mich Karinas Eltern vorgestellt und mich nochmals für die Unannehmlichkeiten entschuldigt habe, werden sich die Wogen hoffentlich wenigstens einigermaßen glätten. Während wir uns beim weihnachtlichen Festessen und der anschließenden

Bescherung kennen- und schätzen lernen, wird Eric versuchen, sich in Lugers Garage mit dem beschädigten Jaguar zu schleichen. Sollte ihm dies gelingen, müsste es ihm möglich sein, mit ein paar einfachen Handgriffen, unbemerkt die verkratzte Autotür gegen unsere unversehrte auszutauschen. Die entsprechenden Schraubenschlüssel hatten wir heute Morgen an der Werkbank meines Vaters im Bastelkeller gefunden. Nach erfolgreicher Mission wird Eric mir eine Nachricht auf mein Handy schicken, sich aus dem Staub machen und selbst Heiligabend im Hause Kollinger mit meiner Familie verbringen. Und ich hätte für Eberhard Luger zu Weihnachten «eine ganz besondere Überraschung», die sicherlich alle Zweifel in Bezug auf meine Person aus der Welt räumen wird – Verpackung hin oder her.

«Und was, wenn die Garage verschlossen ist, Eric?», hatte ich gefragt, bevor ich aus dem Benz ausgestiegen war.

«Is nicht verschlossen. Is Weihnachten. Da hat man auch mal bisschen Gluck. Ich gehe rein. Drei Schrauben und Bolzen raus. Ziehen alte Tur raus. Stecken neue Tur rein. Bolzen rein. Schrauben rein. Festziehen. Fertig. So einfach bei so alte Auto. Dann ich esse Wurstchen mit deine Familie.»

«Wenn die Garage verschlossen ist, lehn die Jaguar-Tür einfach an die Hausmauer. Ist zwar keine so perfekte Überraschung, aber das muss dann eben einfach genügen.»

«Wird perfekte Uberraschung. Is Weihnachten.» Eric hatte mir aufmunternd zugezwinkert, wir hatten die Fäuste aneinandergestoßen, und ich war aus dem Mercedes gestiegen.

Jetzt stehe ich vor Hausnummer 7 in der Rembrandt-Allee und schaue mich um. Eine hohe Hecke grenzt das Luger'sche Grundstück von den umliegenden Wohnparteien ab wie ein

Burgwall. Neben dem zweistöckigen Haus, das mehr einer Villa gleicht, liegt alleinstehend eine imposante, fensterlose Doppelgarage, deren Schwingtore heruntergelassen sind. Dadrinnen muss der Jaguar abgestellt sein. Eine separate, schiefergrau lackierte Eisentür ist in die Garagenwand eingelassen, und ich schicke ein Stoßgebet an das Christkind, dass diese nicht abgeschlossen ist. Der Aufgang zum Wohngebäude selbst ist in weißer Marmoroptik gehalten. Zwei Löwenstatuen flankieren die schwere Haustür und scheinen jedem Gast Argwohn und die Auflage, sich erst einmal beweisen zu müssen, entgegenzubringen. Am dunklen Holz der Eingangspforte ist ein Türklopfer in Form eines Wolfsschädels angebracht, der einen gusseisernen Ring zwischen den Lefzen trägt.

Ich werde zunehmend nervöser. Meine Jeans ist am Saum nass vom Schnee, meine Jacke hat einige Matschspritzer abbekommen. Ich spüre, wie ich bereits angefangen habe, mein T-Shirt durchzuschwitzen. Bis die erste Feuchtigkeit die Achseln meines Hemdes erreicht, ist es nur noch eine Frage der Zeit. Meine Schuhe habe ich im Auto noch mal geputzt, aber ganz unversehrt vom Winterwetter und dem Weg vom Wagen zum Haus sind auch sie nicht geblieben.

Bei näherer Betrachtung habe ich die Rotweinflasche nicht sonderlich makellos eingepackt. Natürlich nicht. Die Papierkante schließt nicht sauber, und die Schleife hängt etwas schlaff vom Hals. Außerdem habe ich zu viel Tesafilm verwendet. Ich nibble an dem mit goldenen Geweihen bedruckten Verpackungsmaterial, als ich die Überwachungskamera bemerke, die mir wie ein paranoider Zyklop von der Hausmauer aus entgegenstarrt. Unsicher winke ich in die Linse und kann dabei direkt spüren, wie sich der Beobachter für mich fremdschämt. Kein sonderlich würdevoller Start für den bevorstehenden Showdown. Ich straffe mich. Bauch rein, Brust raus, Bastian. Tief durchatmen. Konzentration. Dann betätige ich die Klingel.

Noch bevor der letzte Ton der Big-Ben-Glocke angeschlagen wird, öffnet Eberhard Luger die Haustür. Er trägt einen bordeauxroten Kaschmirpullover über einem weißen Hemd und Krawatte, dazu eine dunkle Jeans und Leder-Slipper. Die Art Hausschuhe, die man sich von seinem Jagdhund an den Sessel vor dem Kamin apportieren lässt. Er erkennt mich sofort wieder.

«Was wollen Sie denn hier?» Er sieht mich auf die gleiche durchdringende Art an wie seine Überwachungskamera. Noch bevor ich antworten kann, blafft er mit unverhohlenem Ärger im Blick weiter: «Wir haben doch schon alle Daten ausgetauscht. Den Kostenvoranschlag habe ich schon. Die Rechnung schicke ich Ihnen, sobald alles repariert ist. Wie haben Sie überhaupt meine Privatadresse rausbekommen? Und dann auch noch an Heiligabend.» Na, stark. Alle Zusammenhänge scheint der Vater meiner Freundin offensichtlich noch nicht hergestellt zu haben. Mit dem Kinn weist er auf die Präsente, die ich in den Händen halte. «Und was soll das überhaupt? Mit einer Flasche Wein brauchen Sie mir jetzt wirklich nicht anzukommen. Und Blumen sind ja nun ... Oh.» Jap, genau. Nun scheint der Groschen beim Richter gefallen zu sein. Er wird weiß um die Nase. Den Moment der Stille ausnutzend, trete ich einen entschlossenen Schritt nach vorne und strecke Eberhard Luger die Flasche entgegen.

«Guten Abend, Herr Luger. Frohe Weihnachten. Ich bin der

Bastian. Kollinger. Na ja, das wissen Sie ja schon.» Na, klasse. Richtig lockerer Einstieg. Mein Lachen ist der reinste Rohrkrepierer. Noch immer sagt Luger keinen Ton. Also fahre ich fort: «Ich habe Ihnen das hier mitgebracht. Als kleines Geschenk. Als Wiedergutmachung, sozusagen.» Abermals strecke ich dem Vater meiner Freundin die Weinflasche entgegen, die dieser schließlich, immer noch apathisch, entgegennimmt. Gut! Das ist gut! Er hat mir nicht die Tür vor der Nase zugeknallt oder mich davongejagt. Oder Pistolen-Luger-mäßig auf mich geschossen. Er nimmt meine Gabe an. Das geht immerhin schon mal in die richtige Richtung. Einfach weiter dranbleiben, Bastian. Positiv bleiben. Sympathie ausstrahlen. Zeigen, dass du in Frieden gekommen bist. Allerdings macht mein Gegenüber auch noch immer keine Anstalten, mich ins Haus zu bitten. In die aufkommende Stille hinein spreche ich weiter: «Ich wollte mich nochmals dafür entschuldigen, was passiert ist. Die Sache mit den Kratzern tut mir wahnsinnig leid. Natürlich war das keine Absicht, was aber keine Ausrede sein soll.» Ich deute auf die von mir übergebene Flasche. «Und ich hoffe wirklich, der da trifft Ihren Geschmack.» Luger guckt erst leer in mein Gesicht und dann auf den Gegenstand in seinen Händen. Man kann richtiggehend spüren, wie es in seinem Kopf zu rattern begonnen hat. Sein Gehirn muss offenbar erst mal alle Informationen verarbeiten. Schließlich blinzelt er wie Opa Georg, wenn dieser einen seiner «Momente» hat, zieht das Glanzpapier von der Flasche und studiert, ein «Danke» murmelnd, das Etikett. Nicht schlecht. Wieder ein kleiner Sieg. Murmeln ist besser als Schweigen, auch wenn er meine Entschuldigung nicht direkt angenommen hat. Trotzdem: Es wird, Bastian, es wird. Kurz meine ich, fast so etwas wie Wohlwollen um Eberhard Lugers Mundwinkel zu erkennen. So weit, so gut. Jetzt das zarte Pflänzchen der sich bessernden Stimmung hegen und pflegen: «Freut mich, wenn ich mit dem 2015er nicht komplett danebenlag. Aber nicht alles auf einmal trinken, ne?» Innerlicher Facepalm.

Luger zuckt kurz zusammen, ignoriert meinen Scherz und fokussiert sich: «Sie sind also … Sie. Der neue Freund. Meine Tochter ist wirklich immer für eine Überraschung gut.» Händeschütteln. Sein Händedruck ist kraftvoll, respekteinflößend. In meinen Handflächen könnte man das Freischwimmerabzeichen machen. Nach drinnen gebeten werde ich noch immer nicht. Luger mustert mich von den Haar- bis zu den Fußspitzen. Terminator-Blick. Er analysiert, kategorisiert, katalogisiert und scheint die Zukunft seiner Tochter an meiner Seite in Gedanken durchzuspielen. Wie stehen die Chancen, dass wir zusammenbleiben würden? Wie hoch ist das Risiko, dass sie meinetwegen in der Gosse landen wird? Was für Erbgut bringe ich mit? Ich rechne jede Sekunde damit, dass er sich Kontoauszüge, polizeiliches Führungszeugnis, Geburtsurkunde und meinen Stammbaum zeigen lässt.

Dann endlich erscheint Karina hinter Eberhard Luger in der Tür. Es tut wahnsinnig gut, sie wiederzusehen. Sie strahlt wie ein Honigkuchenpferd, knufft ihrem Vater liebevoll in die Flanke, schiebt sich an ihm vorbei und stellt sich an meine Seite. Trotz meiner Wiedersehensfreude bin ich überaus froh, dass sie mich zur Begrüßung nicht küsst.

«Schön, dass du es hergeschafft hast. Paps, das ist Bastian.»

«Das weiß ich jetzt auch, ja.» Der Richter guckt kritisch von seiner Tochter zu mir und wieder zurück. «Karina, denkst du nicht, es wäre ganz gut gewesen, mir vorher zu sagen, wen wir uns da nach Hause eingeladen haben?»

«Ach, das hätte doch nur schon im Vorfeld die Stimmung versaut», winkt Karina mit ihrer entwaffnend relaxten Art ab und zupft mich am Ärmel. «Jetzt komm mal rein, Basti. Hier draußen holen wir uns doch alle den Tod. Ich muss dir jetzt mal meinen weniger grummeligen Elternteil vorstellen.» Erneutes Flankenknuffen, dann gibt Luger den Weg frei, und ich putze mir die Schuhsohlen am Fußabstreifer so gründlich ab, dass ich fast das Profil abschleife, bevor ich wie auf rohen Eiern über die Schwelle steige.

Durch einen kleinen, gläsernen Eingangsvorraum treten wir in eine offene, apricot-hell gestrichene Diele. Moderne Gemälde hängen in massiven Rahmen. Auf zwei Steinsockeln stehen dickbauchige Bronzefrauen, am Rand eines tiefen Sims eine geschwungen gedrungene Vase aus blassblauem Porzellan mit einem mit Blattgold verziertem Sockel. Ein vielarmiger Kronleuchter funkelt von der hohen Decke. Eine geländerlose Wendeltreppe windet sich in die oberen Stockwerke, zwei doppelte Schiebetüren führen weiter in das Hausinnere.

Karina nimmt mir meine Jacke ab und hängt sie an einen Garderobenhaken, meine Schuhe stelle ich auf einen Läuferteppich darunter, meinen Rucksack habe ich an einem Gurt über die Schulter gelegt.

«Mum, darf ich dich mit Bastian bekanntmachen?»

Susa Luger habe ich mir anders vorgestellt. Nach Karinas Erzählungen irgendwie wie eine Mischung aus Uschi Obermaier und Janis Joplin. In einem bunten Blumenkleid, mit geflochtenem Haarkranz, einem Tamburin und barfuß. Und so hat die Mittfünfzigerin vielleicht auch mal ausgesehen. Jetzt trägt sie das elegant graue Haar zu einer ohrlangen Kurzhaarfrisur geschnitten. Hosenanzug aus schlichtem Leinen, Birkenstocks, ein Ebenholz-Amulett um den Hals. Um die leuchtend grünen Augen hat sie tiefe Lachfalten, die, als sie Karina und mir entgegenkommt, noch deutlicher zum Vorschein treten.

«Hallo, Bastian. Ich bin Susa. Willkommen in unserer Familie.»

«Frohe Weihnachten. Freut mich wirklich sehr. Eine kleine Aufmerksamkeit für S... äh, dich.» Ich übergebe Karinas Mutter den Blumenstrauß.

«Wie nett. Vielen Dank.» Sie wickelt die Tankstellenblumen aus Folie und Papier. Ich unterdrücke ein Aufatmen, als ich sehe, dass das Blumenpapier nicht mit dem Tankstellenlogo bedruckt ist und auch sonst nichts auf die Herkunft des Straußes hinweist. Den Kassenzettel habe ich noch auf dem Parkplatz in den Abfalleimer geworfen. Susa riecht an den Blüten und legt den Bund dann auf den Sims.

«Karina?» Eberhard Luger hat die Haustür hinter uns ins Schloss gezogen und steht nun ebenfalls in der Diele. «Willst du Herrn Kollinger das Gästezimmer zeigen? Danach würden wir uns vor dem Zander auf einen Aperitif im Wohnzimmer zusammensetzen. Um uns ein wenig besser ... kennenzulernen.» Herr Kollinger. Mit Karinas Mutter bin ich jetzt also per Du. Mit ihrem Vater weiterhin per Sie. Und offenbar sollen meine Freundin und ich die Nacht in getrennten Räumen verbringen. Wie Teenager. Es würde mich auch nicht wundern, wenn, immer wenn Karina und ich alleine in einem Zimmer sind, ihr Vater sich laut vor der Tür räuspern würde. Oder wenn er vorhätte, während eventueller Zweisamkeit geräuschvoll auf dem Gang staubzusaugen, immer mit dem Staubsauger gegen die Tür stoßend.

«Müssen wir das jetzt noch mal diskutieren, Paps? Bastian und ich schlafen in meinem alten Zimmer.»

Eberhard Luger will etwas erwidern, aber bevor die Stimmung zu kippen droht, schalte ich mich ein: «Ist schon okay, Karina. Zeig mir gerne das Gästezimmer. Und Susa, Herr Luger, ich wollte mich nochmals ganz herzlich bei Ihnen für die Einladung bedanken. Heiligabend ist etwas ganz Besonderes, und ich weiß es wirklich zu schätzen, dass ich dieses besondere Fest im Kreis Ihrer Familie verbringen darf.»

Susas Smaragd-Augen strahlen mich an, Eberhard schenkt mir ein leidig zufriedenes Nicken. Dann schiebt mich Karina, ein «Schleimer» in meinen Nacken hauchend, die Stufen der Wendeltreppe nach oben.

Im ersten Stock des Hauses befinden sich ein Arbeitszimmer, ein Badezimmer und das Elternschlafzimmer. Die Wände sind im selben Apricotton gestrichen wie im Erdgeschoss. Auf einem antiken Sekretär stehen Fotos. Karina als Kind auf einem Schaukelpferd. Die junge Susa, so wie ich sie mir vorgestellt habe, mit Gitarre an einem Lagerfeuer und einige Jahre älter, um einiges seriöser, bei der Eröffnung ihres Hypnosestudios. Ich sehe ein Familienfoto von Mitte der 90er und ein paar Zeitungsausschnitte über Urteile des Richters zu einer Collage zusammengeklebt. Ein Foto zeigt Eberhard Luger, höchstens 18, vor dem mir nur allzu bekannten Jaguar im Zielbereich einer Rallye irgendwo in den Bergen, Arm in Arm mit einem weißhaarigen Herrn – Lugers geliebtem Großvater. Auf einem zweiten Foto erkenne ich Lugers Mentor im

Porträt, etwa ein gutes Jahrzehnt später, die Haare schütter, die Lippen dünner, lächelnd mit zufriedenen, aber müden Augen. Ein schwarzer Trauerflor umspannt die rechte Ecke des Bildes.

Karinas Zimmer selbst liegt, so wie das Gästezimmer und ein zweites Bad, im zweiten Obergeschoss, direkt unter dem Dach.

«Dir ist klar, dass ich dann halt einfach bei dir schlafe, wenn du dich nicht zu mir rübertraust, Basti?», neckt mich meine Freundin, drückt mich in den für mich vorgesehenen Raum, und ich rechne jeden Moment damit, Eberhard Lugers Räuspern auf dem Gang vor dem Zimmer zu vernehmen.

11. Kapitel

GLÄNZENDE UNTERHALTUNG

Karina ist ins obere Badezimmer verschwunden, ich will mir vor dem angekündigten Kennenlern-Aperitif noch kurz die Hände waschen und steige die Treppe hinunter in den ersten Stock, um das dort gelegene Bad zu nutzen.

Karinas Eltern scheinen sich bereits ins Wohnzimmer zurückgezogen zu haben. Leise höre ich klirrende Gläser durch die offenen Räumlichkeiten sirren. Der Fernseher läuft im Hintergrund. Irgendein eingedeutschter US-Spielfilm. Die Synchronsprecherin kommt mir irgendwie bekannt vor, aber um sie und den Film einordnen zu können, ist der Ton nicht laut genug.

Dann spüre ich, wie mein Handy in meiner Hosentasche vibriert. Eine Nachricht von Eric: «Wie läuft?»

«Gar nicht so schlecht», tippe ich. «Ich denke, du kannst in 15 Minuten los. Ich gebe dir dann noch das endgültige Go.»

Dreifachvibration. «Okay.» Daumenhoch-Emoji. Grünesauto-Emoji.

Noch bevor ich das Badezimmer betreten kann, höre ich Stimmen aus der Etage unter mir. Susa ist in den Flur getreten, offenbar um meinen Blumenstrauß in einer Vase auf den Wandsims zu stellen. Ihr Mann ist ihr gefolgt.

Laut und deutlich vernehme ich die Worte der Mutter meiner Freundin: «Na, siehst du, Eberhard? Der scheint doch wirklich nett zu sein.» Nett, Bastian, sie findet dich nett! Ich bin kurz davor, mir selber High Five zu geben. Allerdings würde mich das Klatschen verraten. Und Lauschen ist ja nicht gerade die feine Art. Es wäre wohl für alle Beteiligten überaus peinlich, wenn ich jetzt bemerkt werden würde. Also bleibe ich regungslos vor der Badezimmertür stehen.

Eberhard Luger erwidert: «Nett findest du den? Nur weil er dir Blumen mitgebracht hat, oder was?» Pffff.

«Natürlich nicht nur deswegen, Eberhard.» Natürlich nicht, Eberhard! «Karina scheint ihn wirklich gernzuhaben.» So! «Und er ist doch auch total bemüht, nichts falsch zu machen.» Total!

«Du weißt ja, was ‹bemüht› in einem Zeugnis bedeutet, oder?» Meine Fresse. Das erste Mal ertönt Eberhard Lugers Lachen. Es klingt eigentlich nicht wirklich böse. Eher irgendwie verspannt. Ich höre, wie er die Vase, die Karinas Mutter auf dem Mauervorsprung abgestellt hat, zurechtschiebt und weiterspricht: «Und dass diese Blümchen hier aus dem Tankstellenshop sind, muss ich dir auch nicht sagen, oder, Susa?» Muss er nicht, nein. Hat er. Hätte er aber nicht gemusst.

Susa räuspert sich. «Ach, Eberhard, es geht doch einfach nur um die Geste.» Eben. Danke, Susa. Es geht um die Geste. Und für Herrn Luger hätte ich gerade eine ganz bestimmte Geste im Angebot.

Dieser ist inzwischen fertig mit Blumen-Zurechtrücken und sagt: «Maximal 12 Euro hat das Bündel gekostet.» 13 Euro. Also 12 Euro 99. Und einen höherpreisigen Strauß hatten die eben nun mal nicht an der Aral.

Susa: «Na, wenn es dir jetzt um Wert geht: Der Wein für dich war da schon um einiges teurer.» Jup, war er.

Eberhard: «Na, den hat er doch sicher seinem Vater aus dem Keller geklaut.» Abgekauft!

Susa: «Du gibst dem Bastian jetzt mal eine Chance, bitte.» Ja, bitte. «Ihr sprecht gleich einfach mal in Ruhe miteinander. Dann wird das schon.» Na, da hab ich ja so richtig Bock drauf.

«Ich gebe jedem eine Chance, Susa. Das weißt du. Für eine zweite muss man sich allerdings erst einmal beweisen.» Und zwar genau deshalb hab ich da so richtig Bock drauf.

«Jetzt hak die Sache mit der Tür doch endlich mal ab.»

«Sagt sich so einfach. Morgen Nachmittag ist die Weihnachts-Rallye. Was der Großvater selig dazu wohl gesagt hätte, wenn ich in Kitzbühel mit diesen riesigen Kratzern auftauche? Das wird eine ganz schöne Blamage. Sei's drum. Wo bleiben unsere Tochter und unser Gast eigentlich?»

In diesem Moment kommt Karina aus dem oberen Badezimmer, was ihre Eltern ihr Gespräch einstellen und sich wieder aus dem Flur ins Wohnzimmer begeben lässt. Ich drücke die Klinke nach unten und husche zum Händewaschen.

Als ich ein paar Augenblicke später ins Erdgeschoss nachkomme und durch die Wohnzimmertür trete, sieht Eberhard Luger mich an, als würde er genau wissen, dass ich mir die Hände an seinem Bademantel abgetrocknet habe. Er sitzt, die Beine übergeschlagen, in einem dunklen Ledersessel, der als rechtes Element eine edel aussehende, dreiteilige Couchgarnitur komplettiert, in deren Mitte ein flacher Blocktisch steht. Zu Lugers Linken, auf einem Dreisitzer mit Fußschemel, haben Karina und Susa Platz genommen. Sowohl meine Freundin als auch ihre Eltern haben auf Korkuntersetzern langstielige, mit Zuckerrändern verzierte Kristallgläser vor sich, die mit einer perlenden Flüssigkeit gefüllt sind. Für mich sind Platz und Zuckerrand-Glas auf der gegenüberliegenden Seite des Sessels vorgesehen – vis-à-vis zum Hausherrn, auf einem Zweisitzer, auf dessen Sitzfläche als Einziges eine Decke zur Unterlage ausgelegt worden ist. Hinter dem Sofa, vor einer Regalwand, in der sauber aufgereiht Brockhaus-Enzyklopädien, Zinnkrüge und allerlei Fachliteratur stehen, steht eine tiefgrüne, deckenhohe Nordmanntanne, behängt mit urtypischem, traditionellem Weihnachtsschmuck aus Stroh und Glas. Die Christbaumkerzenkette, die den Nadelbaum in gelbliches Licht hüllt, steckt in dem gleichen Mehrfachstecker mit orange funzelndem Power-Schalter, wie ihn meine Eltern für die Lichterketten an ihrem Baum benutzen.

Karina und ihre Eltern scheinen mit ihrer Unterhaltung auf mich gewartet zu haben. Auf einem imposanten Flachbildfernseher, der an eine High-End-Soundanlage angeschlossen ist, läuft ein Spielfilm im frühabendlichen Vorbescherungs-Privatsenderprogramm. *Pretty Woman*, wenn ich mich nicht irre. Die ultimative RomCom. Die Synchronsprecherinnenstimme, die ich vorhin nicht hatte zuordnen können, gehört der jungen 1990er Julia Roberts, die sich gerade im Abendkleid auf einem Hotelbalkon mit ihrem Drehpartner Richard Gere unterhält und dann, als Richard sie alleine zurücklässt, unvermittelt von einem plärrenden Werbeblock unterbrochen wird. Susa greift nach der Fernbedienung, regelt die Anlagenlautstärke runter, und Eberhard Luger weist mich mit einem mit einem Fingerzeig einhergehenden «Bitte» an, mich auf meinem Decken-Platz niederzulassen. Zögerlich leiste ich der Aufforderung Folge.

«Was für ein herrlicher Film, oder? Habe ich eine halbe Ewigkeit nicht mehr gesehen.», Susa guckt verträumt und legt den Kopf schief. «Und jetzt nehmen wir mal alle einen Schluck.»

Ohne anzustoßen prosten wir uns zu. Der Aperitif schmeckt trocken mit einer winterlichen Note. Prickelnd kitzelt mich die Flüssigkeit am Gaumen und fließt dann warm meine Speiseröhre hinunter.

«Veuve Clicquot mit einem Schuss Williamsbirne», erläutert Luger, der ein zweites Mal an seinem Kristallglas nippt, und ich nicke anerkennend, während auf dem Fernseher Werbung für «Des Wodkas reine Seele» flackert und ich spüre, dass der Richter sich mich automatisch vor einem Tankstellenschnapsregal vorstellt. Nach kurzem Schweigen spricht er an mich gerichtet weiter: «Herr Kollinger, vielleicht erzählen Sie mal ein bisschen von sich. Sie leben in Köln? Und Karina meinte, Sie sind in der Medienbranche tätig? Graphiker, wenn ich das richtig verstanden habe?»

«Ja, das ist korrekt und ...»

In der an das Wohnzimmer angrenzenden Küche beginnt es zu piepen, und Eberhard Luger gebietet mir mit erhobenem Zeigefinger, eine Sekunde innezuhalten und ihn kurz zu entschuldigen. «Der Zander im Ofen will mit Butterschmalz übergossen werden», erklärt er im Aufstehen begriffen, doch seine Frau kommt ihm zuvor.

«Lass mich das eben machen, Eberhard. Und Karina», sie stupst ihre Tochter in die Seite, «vielleicht hilfst du mir ja eben im Esszimmer den Tisch zu decken? Dann können sich die Männer weiter unterhalten. Und ...», sie sieht ihrem Ehemann tief in die Augen, «wenn wir wieder da sind, seid ihr beide per Du.»

Meine Freundin, die mir beim Rausgehen versteckt beide Daumen nach oben zeigt, und Susa verschwinden durch eine Schiebetür nach nebenan und ziehen diese hinter sich zu.

Eberhard Luger und ich sind alleine im Wohnzimmer. Fast synchron beginnen wir zu hüsteln. Währenddessen preisen Klaas Heufer-Umlauf und Joko Winterscheidt im TV Limonade an. Trotz der runtergedrehten Lautstärke sind ihre Skriptsätze in der Stille deutlich zu verstehen.

Das Handy in meiner Hosentasche vibriert. Aus einer Übersprungshandlung heraus greife ich nach dem Gerät, will es aber, als mir klarwird, wie unhöflich das meinem Gastgeber gegenüber erscheinen muss, direkt wieder wegstecken.

«Lesen Sie ruhig», sagt Luger und sieht mich provokativ an.

Da ich es für noch unhöflicher halte zu widersprechen, entsperre ich schnell meinen Bildschirm. Die Nachricht ist von Eric. «Go?» steht da mit einem Zähneaufeinanderbeißsmiley-Emoji. Fuck it. Luger ist hier mit mir beschäftigt, und weder Karina noch Susa sollten von Küche oder Esszimmer aus die Garage einsehen können. «Go!» hacke ich also mit hochschnellendem Puls in die Tastatur und drücke auf Senden. Jetzt gilt es. Hoffentlich kommt Eric mit der Jaguar-Tür in die Garage, hoffentlich bekommt er die verkratzte Tür abgezogen und die neue in die Halterungen gesteckt. Kurz muss ich mich konzentrieren, meinen Herzschlag wieder unter Kontrolle zu bringen, dann schiebe ich das Handy zurück in meine linke Vordertasche.

Luger betrachtet mich kritisch. «Was Wichtiges?» Seinen Drink hat er inzwischen halb leer getrunken.

Mich an seiner Trinkgeschwindigkeit orientierend leere ich

meinerseits mein Glas exakt bis zur Hälfte und bin dankbar für jedes Promille. «Nichts Wichtiges, nein. Bitte verzeihen Sie.»

«Aha.» Wieder Schweigen. Im Werbeblock sind wir inzwischen an der Stelle angelangt, die mit Kurztrailern auf das kommende Programm hinweist. Dann wünscht eine Blockbusterstimme «weiterhin glänzende Unterhaltung», und die Übertragung springt zurück zu *Pretty Woman*.

«Sie waren eben dabei, von Ihrer Arbeit und Ihrem Leben in Köln zu erzählen.» Luger stellt seinen Champagnermix zurück auf den Korkuntersetzer. Ich unterdrücke ein erneutes Hüsteln, Julia Roberts wird, spätnachts auf der Suche nach Richard Gere, im weißen Bademantel von einem Hotelpagen aus einem Aufzug geleitet.

«Ja. Also, ich arbeite bei einer sogenannten Agentur für digitale Kommunikation. In Teilzeit.» Locationwechsel. Richard Gere sitzt in einem abgedunkelten Raum – der Hotelbar – an einem schwarzen Flügel und spielt beeindruckend gut. Julia hat ihn noch nicht gefunden.

«Teilzeit, hm?» In Lugers Stimme erkenne ich unterdrückte Missbilligung. Offen unter Beschuss nimmt er mich für meine Lebensentscheidung allerdings nicht. Er scheint tatsächlich zu versuchen, sich zusammenzureißen – und sei es nur seiner Frau und seiner Tochter zuliebe. Ich entkrampfe mich etwas. Richard Gere haut weiter virtuos in die Tasten. Die Hi-Fi-Anlage untermalt unser Gespräch leise, aber kristallklar mit den angeschlagenen Flügelklängen in Dolby 5.1, als wäre dies unser Soundtrack. «Und Ihre Eltern?», fragt Karinas Vater weiter und überlässt es meiner Auslegung, welche Infos zu meinem familiären Background er sich erhofft.

Das ganze Gespräch kommt mir vor wie eine Art Kuschelkursverhör.

«Meinem Vater gehört die Apotheke in der Reineckestraße», gebe ich zurück, damit Luger einen Haken hinter dem Punkt machen kann, dass meine Sippschaft nicht auf die Arbeiterwohlfahrt angewiesen ist. Auf dem Bildschirm ist das Hotelpersonal der Spätschicht in der Zwischenzeit dabei, die Bartische zu säubern, Tischdecken zusammenzulegen und zusammenzuräumen. Dazu lauschen die Angestellten – als einzige Zuhörer in den Räumlichkeiten – fast feierlich Geres Pianodarbietung. Julia Roberts betritt den Raum und stellt sich hinter den Spielenden. «Dieses Jahr ist fast meine ganze Familie über die Feiertage zusammengekommen», fahre ich fort, und Eberhard Luger zieht die Augenbrauen nach oben.

«Sind Sie denn ein Familienmensch, Herr Kollinger?» Richard Gere schlägt die Schlussakkorde des dargebotenen Stücks an.

«Absolut, ja. Also meistens zumindest. Wenn mein Großvater mich nicht gerade beim Duschen überrascht, weil ich verbummelt habe, mich an den Badplan meines Vaters zu halten.»

Luger lacht. Nicht aus vollem Hals, aber ich bilde mir ein, dass das Verspannte in seinem Lachen sich etwas zu lockern begonnen hat.

«Ihr Großvater feiert Weihnachten mit Ihnen?» Gere hat die Hände von der Klaviatur genommen. Die Pianoklänge hallen in der Hotelbar nach.

«Das hatte mein Opa sich gewünscht, ja. Ich freue mich auch wirklich auf morgen. Aber jetzt bin ich heute erst einmal hier und finde es schön, Karinas Familie kennenzulernen.» Das Barpersonal klatscht, und Julia Roberts lehnt sich an den Steinway-Flügel. Luger rutscht an die Kante seines Sessels und drückt den Rücken durch wie Günther Jauch auf seinem Stuhl, wenn dieser abwägt, ob er einem Kandidaten helfen oder diesen in die Pfanne hauen soll. Es ist direkt zum Greifen, wie sehr Eberhard Luger mit sich hadert. Wenn er mir das «Du» anbietet, akzeptiert er mich. Und so weit ist er allem Anschein nach noch nicht. Wie ich selbst mich jetzt am taktisch klügsten zu verhalten habe, weiß ich auch nicht. Ich habe jetzt immerhin schon einige Sätze nichts Dummes mehr gesagt. Und ich hatte sogar einen gelungenen Scherz auf meiner Seite. Das Familien-Thema scheint bei Luger ebenfalls gut anzukommen. Allerdings will ich natürlich nicht einfach gehaltlos weiterplappern und riskieren, das bisschen guten Eindruck, das Karinas Vater gerade von mir haben könnte, zunichte zu machen. Also sprechen wir beide nichts. Richard Gere ist unterdessen dabei, die Kellner und das Schankpersonal mit einem «Gentlemen, würden Sie uns bitte alleine lassen?» aus der Bar zu schicken, und ich bin wirklich dankbar für die Geräuschkulisse des Films, die verhindert, dass es völlig leise zwischen dem Vater meiner Freundin und mir wird.

Luger scheint sich noch immer keinen finalen Ruck geben zu können und im Kopf alle möglichen Szenarien durchzugehen. Um uns nicht angucken zu müssen, schauen wir auf den Fernseher. Unsere Ohren haben sich inzwischen vollends an die Lautstärkeneinstellung gewöhnt. «Machen die Leute immer alles, was du von ihnen verlangst?», will Julia Roberts von Gere wissen. Die zwei sind alleine im Halbdunkel. Erst jetzt werde ich auf das Flirren zwischen den beiden aufmerksam. Der Angesprochene zieht die Roberts an der Hüfte zu sich heran. Die Luft beginnt vor elektrischer Spannung zu knistern.

Oh nein.

Mir wird siedend heiß, als mir wieder einfällt, welche Szene uns jetzt erwartet. Luger scheint aus seinem Gedankenzwiespalt ebenfalls wieder ins Jetzt zu kommen. Die von ihr gestellte Frage, ob alle Menschen Gere immer bedingungslos alle Wünsche erfüllen würden, beantwortet Julia Roberts sich derweil selbst. «Ja, sie tun es», haucht sie dahinschmelzend, während Richard von seinem Klavierhocker aufsteht und mit einem kompromisslosen Ruck ihren Frotteebademantel aufreißt. Ich beginne zu schwitzen. Aus dem Augenwinkel sehe ich, wie sich auf Lugers Stirn und Oberlippe ebenfalls die ersten Schweißperlen bilden. Mich zu ihm rüberzudrehen, vermeide ich tunlichst. Er schielt nach der Fernbedienung, doch diese liegt in unerreichbarer Ferne in der Mitte des Tisches. Wir kommen nicht aus. Denn vor uns hat das Liebesspiel der zwei Protagonisten gerade erst begonnen. Schlimmer als jeder Horrorfilm. Unter dem aufgerissenen Bademantel trägt die Roberts ein Negligé aus Satin und Spitze. Eigentlich sehr attraktiv. Wirklich schön anzugucken, wenn nicht gerade der Vater der Freundin neben einem sitzt, man sich anschweigt und gezwungen ist, diese erotische Szenerie zusammen zu verfolgen.

Vor Unbehagen drückt es mich in die Couchpolster. Luger hält sich an den Armlehnen seines Sessels fest. Gere nimmt Julia auf seine starken Arme, wie der Bräutigam es macht, wenn er seine Braut über die Schwelle trägt. Dabei berührt die erregt stöhnende Roberts mit ihren Händen die Klaviatur. Disharmonisch klimpert es aus den Anlagenboxen. Es sind wirklich sehr gute Anlagenboxen. Ihr Geld auf alle Fälle wert. Und die Mischer und Soundengineers in Hollywood haben ganze Arbeit geleistet. Das lustvolle Atmen Richards, der Julia auf dem Klavier abgesetzt hat und seiner Partnerin begierig durch die Haare streicht, ist so nah bei uns, als wären wir Voyeure in der Hotelbar. Mir biegt es die Zehennägel nach oben. Ein Albtraum. Nichts würde ich mir mehr wünschen, als durch eine Nachricht von Eric und ein unhöflich vibrierendes Handy aus dieser Situation gerissen zu werden. Auf Lugers Schläfe pocht eine Ader. Julia Roberts spreizt hechelnd die Beine, Richard Gere presst sich an ihre nackten Schenkel, und ich würde mir am liebsten die Augen auskratzen und das Trommelfell durchstechen. Wieder schwingen von den sich reibenden Körpern schief angestoßene Pianotöne. Die Beklommenheit im Wohnzimmer ist jetzt brüllend. Meine Achselhöhlen triefen. Lugers Adamsapfel hüpft. Der Flügel knarrt, als die junge Julia sich nach hinten fallen lässt und Richard Gere ihr über die Brüste streicht. Lodernd vor Verlangen zuckt sie rhythmisch zusammen. Richard schiebt ihr die Wäsche nach oben. In der Hoffnung, dass der Schmerz die unerträgliche Fremdscham überdecken könnte, drücke ich mir die Fingernägel meines rechten Daumens und Mittelfingers so fest in das Fleisch meines linken Handrückens, dass die Stelle zu pochen beginnt. Vergebens. Geres feuchte Lippen berühren die glühende Haut seiner Partnerin. Ich bin kurz davor, mich selbst mit meiner Couchunterlagendecke zu ersticken. Ich kann regelrecht fühlen, wie Karinas Vater vor Peinlichkeit ebenfalls am liebsten im Erdboden versinken würde. Julia Roberts streckt sich in Ekstase ins Hohlkreuz, und ich halte es nicht mehr aus.

«WOLLENWIRUNSEINFACHDUZENICHBINDERBASTIAN?!», stoße ich hervor.

«GERNEICHBINDEREBERHARDFREUTMICH», erwidert Eberhard Luger in derselben Millisekunde, und wir schütteln uns die klatschnassen Hände.

Dann vibriert das Handy in meiner Jeanstasche. Ich ziehe es heraus, und Luger nutzt die Gelegenheit, um sich pfeilschnell die Fernbedienung zu schnappen und auf den Off-Schalter zu drücken.

Die Mitteilung ist von Eric.

Er ist in der Garage.

12. Kapitel

DAS BESTE WEIHNACHTEN DES JAHRES

Bin in Garage. Tur an Seite war nicht gesperrt. Tausche Tur an Jaguar. Ich melde, wenn getan», steht als Letztes in Erics und meinem Chatverlauf. Ich kann meine Euphorie kaum zurückhalten und muss mich zusammenreißen, meinen Mechanikerfreund nicht zu bitten, die Fortschritte live zu dokumentieren und mir Fotos zu schicken. Yes! Yes! Yes!

Während Eric für mein persönliches Weihnachtswunder sorgt, sitze ich am gedeckten Esstisch der Lugers. Susa schenkt stilles Wasser aus einer Karaffe aus und stellt eine Flasche Weißwein vom Kühlschrank in einen mit Eis gefüllten Beistellkühler, Karina verteilt mit Essig und Olivenöl angemachten Blattsalat, Eberhard hat sich zwei Topfhandschuhe übergezogen wie Fäustlinge und nimmt einen mit Alufolie abgedeckten Teflonbräter aus dem heißen Ofen.

«Ich hoffe, du magst Zander», sagt er zu mir, stellt den Bräter in die Tischmitte auf zwei Holzbretter und zerteilt den Fisch mit chirurgischer Präzision.

«Was gibt es bei deinen Eltern denn an Heiligabend traditionell?», will Susa wissen, nicht ohne das von Eberhard verwendete «Du», das ihm noch nicht so ganz leicht über die Lippen zu gehen scheint, mit einem gewogenen Lächeln zu quittieren.

«Immer ganz bodenständig Wiener mit Kartoffelsalat», antworte ich und stelle mir vor, wie meine Familie gerade aus der Kirche zurückkommt und in der Küche darauf wartet, dass das Christkind – also meine Mutter – im verschlossenen Wohnzimmer das Glöckchen läutet. «Bei uns zu Hause ist erst Bescherung, dann Essen. Wahrscheinlich stehen gleich alle um den Baum und singen. Mein Vater besteht jedes Jahr auf ‹O Tannenbaum›, und mein Großvater will ganz sicher, dass sein geliebtes ‹Stille Nacht, heilige Nacht› angestimmt wird.»

«Klassisch die Single-Auskopplungen», kommentiert Karina und erhebt sich noch mal, um erst eine Schüssel mit dampfenden Kartoffeln und dann eine Schale mit Zucchini und gedünsteten Möhren von der Anrichte zu holen.

«Voll», pflichte ich meiner Freundin bei. «Ist ganz gut, hier zu sein, sonst müsste ich jetzt vermutlich Blockflöte spielen.»

«Karina hat für heute dafür ja hoffentlich ein Gedicht auswendig gelernt, das sie uns vor dem Geschenkeauspacken noch vortragen wird», grinst Susa und zieht die Folie von der Bratenform.

Der Fisch duftet umwerfend. Das gesalzene und gepfefferte Filet hat sich unter der Aluabdeckung mit Aromen von Kräutern, Basilikum und Zitronenscheiben vollgesogen. Saftig liegt der Zander im Sud. Luger tut uns reihum Fischstücke, Gemüse und Kartoffeln auf, und wir nehmen den ersten Bissen. Der Duft hat nicht zu viel versprochen. Wie Butter zergeht der Happen auf meiner Zunge. Eine Geschmacksexplosion. Beinahe hätte ich vor Wonne aufgestöhnt wie Richard Gere, kann meinen Gefühlsausbruch aber gerade noch runterschlucken. «Schmeckt phantastisch», gebe ich so kontrolliert wie möglich von mir und schiebe mir die nächste Gabel in den Mund.

«Ich glaube, das ist das erste Mal, dass wir nicht beim Weihnachtsgottesdienst waren, kann das sein?» Karina nimmt die Weinflasche aus dem Kühleimer und lässt Eis und Schmelzwasser abtropfen. «Biste ja gleich ein super Einfluss, Basti.»

«Tut mir leid», erwidere ich und halte mein Glas hoch, als Karina mir anbietet, mir von dem Weißen einzugießen. Susa nimmt ebenfalls einen Spritzer, den sie zur Schorle aufgießt, Eberhard bleibt beim Wasser. «Wäre mir aber neu, dass du mit einem Mal so wahnsinnig gläubig bist.»

«Ich war einfach so gespannt auf die Fortsetzung des Krippenspiels», gibt meine Freundin spitz zurück.

«*Maria und Josef 2 – Jetzt wird geheiratet.*» Riesengag, Bastian. Karina und Susa lachen zum Glück, Luger schmunzelt immerhin für den Bruchteil einer Sekunde über meinen Einwurf.

«Ist das der Teil, in dem Josef Marias Eltern kennenlernt und Gott plötzlich vor der Kathedrale steht, weil er Maria zurück und die Hochzeit verhindern will?», schäkert Karina.

«Und das nach einem One-Night-Stand», steigt Susa mit ein. «Was das für Jesus auch für eine traumatisierende Situation gewesen sein muss. Der war sicher nicht der einfachste Teenager in der Pubertät. ‹Du hast mir gar nichts zu sagen. Ich zieh zu meinem richtigen Papa!›»

«Trotzdem fällt mir da der eine oder andere Teenie ein, der wahrscheinlich noch ein bisschen anstrengender war.» Eberhard zieht sich noch ein Flankenstück vom Zander auf seinen Teller und guckt seine Tochter verschmitzt an.

«Ey, Paps, ich war ein Engel.»

«Das habe ich irgendwie anders abgespeichert.»

«Oh Gott, Eberhard, weißt du noch, als sie ihren ersten Freund mit nach Hause gebracht hat?»

«Den Markus.»

«Maaaarkie», himmelt Karina gespielt. «An den habe ich ja ein halbes Leben nicht mehr gedacht. Wir waren wie füreinander geschaffen.»

«Da warst du dreizehn.»

«Und wie alt war ‹Maaaarkie›?», äffe ich Karinas Schwärmerton nach.

«Fünfzehn, oder? Zu alt auf jeden Fall.» Luger schüttelt sich erinnernd den Kopf. «Eines von diesen Kindern, die schon viel zu erwachsen aussehen für ihr Alter. Hatte der nicht auch ein Mofa?!»

«Haha, ja!» Susa gluckst. «In meiner Erinnerung hatte Markie schon imposanten Bartwuchs. Und immer ein Unterhemd und eine Goldkette an. Und den Mofahelm nur so halb über die Stirn auf. Mit 'ner Zigarette lässig im Mundwinkel, immer an der Bushaltestelle rumlungernd.» Toll, Markie war offenbar schon mit 15 wesentlich cooler, als ich es jemals sein werde. Wenn ich ehrlich bin, wäre ich gerne mit Markie befreundet.

«Und warum ist das nichts geworden mit euch beiden?», wende ich mich süffisant an meine Freundin.

«Markie hatte alleine hier in der Nachbarschaft noch zwei andere Girls. Aber wenigstens hat er niemandem den Lack von 'nem Oldtimer verkratzt. Der wäre schon keine so schlechte Partie gewesen.» Karinas Ton ist wesentlich süffisanter als meiner. Liebevoll klimpern ihre Augenlider mich an.

«Schlimmer geht es bekanntlich immer», schmeißt Luger

dazwischen. Ich muss mich wirklich bemühen, den Hauch Ironie in seiner Stimme zu finden, und kann immer noch nicht so ganz einschätzen, ob er nicht vielleicht doch nach wie vor vorhat, nach dem Fisch direkt mich zu filetieren. Ich kratze den letzten Rest Soße von meinem Teller und tupfe mir die Mundwinkel mit der Serviette ab. Einfach so entspannt wie möglich bleiben. Der Gedanke daran, dass der Tür-Coup tatsächlich zu meinem ultimativen Joker werden könnte, hilft.

Susa ist jetzt ebenfalls fertig mit essen. «Wie bist du eigentlich hergekommen, Bastian?»

«Ein Freund hat mich gefahren.»

«Ach, wer denn?», fragt Karina und schiebt ihren leeren Teller ein paar Zentimeter von sich.

«Eric heißt der. Die Geschichte muss ich dir mal in Ruhe erzählen.» Und zwar ganz in Ruhe. Und hoffentlich mit Hollywood-Happy-End.

«Aha. Klingt ja geheimnisvoll.» Karina runzelt leicht verwundert die Stirn und legt ihr Besteck zusammen.

«Mal darüber nachgedacht, einfach den Führerschein zu machen, Bastian?» Luger ist als Letzter von uns fertig mit dem Hauptgang.

«Wenn du eine gute Partie sein möchtest, mach doch einfach den fürs Mofa», kichert Susa und bekommt unter dem Tisch von ihrer Tochter einen leichten Tritt gegen das Schienbein verpasst.

«Es wäre wirklich nicht so schlecht, den Führerschein endlich mal zu machen, ja», lenke ich ein und nehme einen Weinschluck. «Gerade so ein Auto, wie mein Opa eines hat, wäre was.»

«Ach, was hat dein Herr Großvater denn für einen Wagen?» Lugers Interesse ist geweckt.

«Einen alten Benz», erkläre ich und versuche abzurufen, was genau der Autoteilehändler Bernauer und Eric über den Mercedes gesprochen haben.

«Hat er einen Oldtimer?» Luger lehnt sich auf seinem Stuhl etwas nach vorne über die Tischplatte.

«Ja, genau. Einen ...», nachdenken, Bastian, «... 220er von 1970.» Bingo.

Die Augen des Gastgebers fangen an zu glänzen. «Ist das ein ...?»

«... ‹Strich 8›, ja», ergänze ich, und Eberhard schürzt anerkennend die Lippen. «Als Limousine mit Schaltgetriebe gibt es den heute kaum noch», zitiere ich den letzten Auto-Fakt, der mir noch im Gedächtnis geblieben ist. Jetzt bitte keine Nachfragen mehr. Mein sonstiges Kfz-Wissen beschränkt sich darauf, dass ich ahne, was die einzelnen Buchstaben in der Abkürzung Kfz bedeuten könnten.

Luger kratzt sich an der Schläfe. «Na, den hätte ich mir für die Rallye vielleicht ja auch einfach leihen können», sagt er mehr zu sich selbst als zu uns. Hätte er, stimmt. Mist. Wäre mir das früher eingefallen, wäre das vermutlich die elegantere Lösung gewesen.

Wie mit der Rückspultaste laufen die letzten Stunden nochmals reverse in 50-facher Geschwindigkeit an meinem inneren Auge vorbei, bis zu dem Telefonat mit Karina gestern, als sie mir berichtet, was der Schaden an der Autotür für einen Rattenschwanz an Problemen nach sich zieht, und uns beiden klarwird, wie unschön mein Aufeinandertreffen mit ihrem Vater werden könnte. An dieser Stelle stoppt der Rücklauf. Der alternative Handlungsstrang wird ausgewählt und mit «Play» die Wiedergabe gestartet.

«Keine Angst, ich regel das, Baby. Ich habe da einen todsicheren Plan», höre ich mich wie in einem Paralleluniversum sagen. Lässig.

«Das ist phänomenal, Bastian. Dann wird dich mein Vater zweifellos sofort ins Herz schließen», antwortet meine Freundin schmachtend am anderen Ende der Leitung, und wir legen auf. Nicht schlecht, diese abgeänderte Handlung, besser als jede Strg-Z-Taste.

Nach diesem Telefongespräch komme ich ins Esszimmer zu meinen Eltern, Opa Georg, Lisbet, Niklas, Fine und dem kleinen Lenni zurück. Meine Exfreundin Fine ist beeindruckt von meinem selbstsicheren Auftreten und schlägt vor, dass ich doch mit Lenni ein bisschen spazieren gehen könne.

«So lernst du den Onkel Bastian besser kennen», sagt sie zu ihrem Sohn. «Wenn es ein bisschen anders gelaufen wäre, wäre der jetzt dein Papa.»

Eric schließt sich mir für den Spaziergang an und erzählt auf dem Weg, dass er sich freut, seine Frau und seine Kinder bald wieder in die Arme schließen zu können, als wir meine frühere Mitschülerin Daniela treffen, die dem Ghanaer, um sich kulturell auszutauschen, eine Freundschaftsanfrage auf Facebook schickt. Unterhaltsam und lehrreich werden hier aktuelle gesellschaftliche Themen verquickt und in die Story eingeflochten, ohne als erhobener Zeigefinger wahrgenommen zu werden. Clever. So kann es weitergehen.

Wieder zu Hause angekommen, erläutere ich meiner Familie meine Idee, Eberhard Luger mit dem Mercedes zu überraschen. Alle sind hellauf begeistert und sich inzwischen einig, dass dies definitiv die wesentlich bessere Version der Geschichte ist.

Am nächsten Morgen klingelt mein Wecker überpünktlich. Ich genieße nach einer heißen Tasse Kaffee meine 45 Minuten Badzeit, in denen ich ausgiebig und extrem alleine dusche.

Eric besucht am Nachmittag ein ADAC-Fahrtraining, um auch auf Schnee ein sicherer Autofahrer zu werden. Pädagogikauftrag und Vorbildfunktion: erfüllt. Da ich selbst keine Termine habe, kann ich meinen Eltern zuliebe die Christmette besuchen, an den knisternden Kachelofen gelehnt den Tannennadelduft in der prächtig geschmückten Stube beschreiben und auch sonst alle möglichen Dinge tun, die der Erzählung einen noch weihnachtlicheren Touch verleihen. Gegessen habe ich – nimmt man das vergangene Jahr als Referenz – auch noch zu wenig.

Abends stehe ich dann vor dem Anwesen der Lugers, wie der junge James Dean an den Benz gelehnt. Wie ich hierhergekommen bin, ist völlig nebensächlich. In der Hand halte ich eine Weinflasche, in gerade einmal 30 Sekunden makellos perfekt eingepackt, und zwei Blumensträuße, die ich geschickt zu einem großen, prachtvollen Bund zusammengesteckt habe.

Aufgeregt kommt Luger aus dem Haus gelaufen.

«Herr Kollinger, frohe Weihnachten. Karina hat mir schon viel von Ihnen erzählt. Tut mir leid, dass ich wegen der nichtigen Sache mit den Kratzern so ausgeflippt bin. Ach, wissen Sie was, was soll das mit dem ‹Sie›? Ich bin der Eberhard. Meine Freunde nennen mich Lugi. Freut mich, dich kennenzulernen. Und ich hoffe, du gibst mir eine zweite Chance, einen besseren Eindruck zu hinterlassen. Mir ist wirklich wichtig, was mein zukünftiger Schwiegersohn über mich denkt.»

«Alles easy, Lugi», antworte ich, wirble Karina, die mir um den Hals fällt, herum, und wir gehen hinein.

Die Begrüßung durch Susa verläuft so, wie die eigentliche verlaufen ist. Daran gab es nun wirklich nichts auszusetzen.

Beim gemeinsamen Aperitif – *Pretty Woman* läuft im Hintergrund – eröffne ich Eberhard, dass er für die morgen anstehende Rallye gerne den «Strich 8» leihen könne, und unter Freudentränen presst mich der Richter an seine Brust, untermalt von Richard Geres einfühlsamem Pianospiel, das über die Anlagenboxen des Fernsehers dezent den Raum erfüllt. Da der Oldtimer-Fan sich nichts sehnlicher wünscht, als schon jetzt eine Runde mit dem Benz durch den Ort zu drehen, verlassen wir das Wohnzimmer in dem Moment, als Gere die Kellner aus der Hotelbar schickt, um mit Julia Roberts alleine sein zu können.

Luger setzt sich ehrfürchtig ans Steuer, neben ihm auf dem Beifahrersitz seine Ehefrau, auf der Rückbank Karina und ich, eng aneinandergeschmiegt. Röhrend springt der Mercedes an, und wir cruisen los Richtung Ortsausgang, vorbei an einer Bushaltestelle, unter deren Vordach ein 15-Jähriger mit Unterhemd, Goldkette und imposantem Bartwuchs auf einem Mofa sitzt und mir, den Helm halb auf der Stirn und eine Zigarette im Mundwinkel, den Daumen nach oben zeigt. «Du verdienst sie mehr als ich, Kumpel», sagt sein Blick. No matter what, best friends forever, Markie!

Luger ist völlig in seinem Element. «Ganz ehrlich», ruft er gegen den brüllenden Motor nach hinten, «für mich ist das ...»

«Das beste Weihnachten des Jahres, Lugi!», vervollständige ich seinen Satz mit gezückter Fingerpistole, und wir brausen dem Sonnenuntergang – oder dem Sonnenaufgang, je nachdem, was sich sinnvoller einfügen lässt – entgegen. Hollywood-Happy-End. Abspann.

Mein brummendes Smartphone holt mich zurück in die Realität.

«Tur drin. Alles okay», blinkt es auf meinem Display. Dazu hat Eric tatsächlich ein Selfie mitgeschickt: Er mehr als happy vor dem Jaguar, unsere neue Fahrertür professionell eingebaut. Ha! Ahahaha! Aaaaaahahahahaaa. Irre. Viel schlechter als der alternative Plot läuft das hier gerade auch nicht.

«Du bist unfassbar! Tausend Dank», sende ich schnell und lege das iPhone mit dem Bildschirm nach unten vor mich. Mir fällt der Ayers Rock vom Herzen. Jetzt gilt es, den richtigen Zeitpunkt abzupassen, um Eberhard in die Garage zu führen.

«Wer will Nachtisch?» Susa ist von der Tafel aufgestanden und ist dabei, mit Vanillecreme und Topping gefüllte Schälchen, die sie aus dem Kühlschrank geholt hat, auf flachen Steinplatten mit fruchtig roten Erdbeeren anzurichten.

«Sehr gerne», freue ich mich und will mich anbieten, das benutzte Geschirr abzuräumen, als mein Handy wieder aufzuckt. Mit einem entschuldigenden Handzeichen an meine Gastgeber hebe ich das Gerät an.

«Tur steckt», schreibt Eric.

«Ja, ich weiß, super!!», schreibe ich.

«DIE TUR STECKT!», schreibt Eric direkt wieder, und ich merke, wie die anderen wartend innehalten, bis ich die Güte habe, mit meiner Konversation fertig zu sein. Trotzdem ist Erics Euphorie mitreißend.

«MEGA, JA!!», tippe ich und füge drei Sektflaschen-Emojis und ein Schieflachendersmiley-Emoji an. «Hast du phantastisch gemacht! Und jetzt raus da!»

Luger atmet laut vernehmbar genervt aus. «Diese ewige Handy-Daddelei ist echt eine Krankheit. Karina ist da auch nicht besser.»

«Sorry», gebe ich verschämt bei, unmissverständlich, jetzt alles erledigt zu haben, und deaktiviere, als ich in der App sehe, dass der feiernde Eric neuen Text eingibt, die Vibrationsfunktion.

«Ach, komm, Paps», feixt Karina, «seit wir die Familiengruppe haben, hängst du schon auch viel mehr an deinem Galaxy.»

«Ja, ja, ja, die Familiengruppe ist keine schlechte Sache», gibt Luger sich etwas versöhnt, «aber wenigstens an Heiligabend kann man das Ding doch mal weglegen.»

Ich nicke zustimmend und packe mein Smartphone wieder umgedreht auf die Tischplatte.

«So, sind jetzt alle bereit für die Bayrisch Creme?», kommt Susa wieder zum Wesentlichen und will gerade anfangen, die zuckrigen Kalorienbomben zu verteilen, als draußen eine gellende Alarmanlage losheult.

13. Kapitel

ALLES AUF NULL

Nach der ersten Schrecklähmung springt Luger mit so viel Schwung auf, dass sein Stuhl nach hinten kippt.

«Da ist jemand bei den Autos», bellt er, zieht ein langes Messer aus dem Messerblock auf der Küchenzeile und stürzt aus dem Esszimmer. Ich brauche einen Wimpernschlag länger, um zu realisieren, was gerade passiert, dann eile ich hinterher. Unerbittlich schallt die Sirene und wird dabei stetig lauter.

«Mein Gott, Eberhard!», ruft Susa ihrem Mann noch nach, «das ist doch sicher nur ein Fehlalarm!» Doch der ist schon in seine Stiefel geschlüpft und durch die Haustür. Ich bin im Garderobenraum. Wo zum Teufel sind meine Schuhe? Da! Keine Zeit, die Schnürsenkel zu binden. Luger hat ein paar Meter Vorsprung. Er stapft die schneebedeckten Stufen des Hausaufgangs nach unten wie auf dem Kriegspfad. In der Kälte des Winterabends scheint er vor cholerischem Zorn buchstäblich zu dampfen. Seine Körpersprache ist aggressiv, die Schultern angezogen, der Oberkörper kampfbereit nach vorne gebeugt, in der rechten Faust fest umklammert hält er den Griff der Klinge, die bedrohlich das Gelb der Hofbeleuchtung reflektiert. Noch knapp ein Dutzend Schritte, dann hat er die Garage erreicht. Ich bin ihm auf den Fersen. Jetzt nicht über die Schuhbänder stolpern! Der Alarm steigert sich ins Hysterische. Vielleicht hat Eric es ja noch rechtzeitig und ungesehen raus geschafft?

Es durchfährt mich wie ein Blitz, und ich erstarre, als ich sehe, dass zwar Fußspuren im Schnee zur und in die Garage führen, aber keine Sohlenabdrücke davon zeugen, dass jemand die Garage wieder verlassen hat. Eric ist immer noch da drinnen! Und ich habe keine Chance, ihn zu warnen. Mein Telefon liegt noch auf dem Esstisch. Shit! Allerdings dürfte Eric bei dem dröhnenden Alarmsignal selbst aufgefallen sein, dass hier irgendetwas mächtig schiefgelaufen ist. Wie mächtig gleich noch mehr schieflaufen könnte, wage ich nicht mal zu denken. Das würde ich mir niemals verzeihen.

Luger ist an der Garagentür.

«EBERHARD, HALT! DAS DA DRINNEN IST MEIN WEIHNACHTSGESCHENK!», rufe ich, aber meine Worte verschmelzen unverständlich mit dem schrillen Heulen der Alarmanlage. Ich setze mich wieder in Bewegung. Eberhard hat die Schuhabdrücke ebenfalls bemerkt. Mit der linken Hand drückt er die Garagentürklinke nach unten, das Messer stichbereit im Anschlag. Jetzt bin ich an der Garage und greife Karinas Vater am Ellbogen. Er schüttelt mich ab. Ich fuchtle, in dem ohrenbetäubenden Krach Handzeichen um mich werfend wie ein geisteskranker Pantomime, in der Luft herum, doch Luger ignoriert mich. Er ist auf der Jagd. Langsam zieht er die Tür auf und tritt über die Schwelle. Ich bleibe direkt hinter ihm, um, wenn irgendwie möglich, das Schlimmste zu verhindern.

Drinnen ist es wie in den tiefsten Tiefen eines Schranz-

Technoschuppens. Es ist irre laut und – bis auf den durch die offene Tür fallenden Schein der Hoflaternen – stockdunkel. Eric muss das Licht gelöscht haben. Ich setze an, um meine Erklärung nochmals aus nächster Nähe zu brüllen und Luger wieder zur Vernunft zu bringen, doch bevor ich eine Silbe herausbringe, hat dieser sich rücklings an die Betonwand gepresst, einen Zahlencode in ein Tastenfeld neben dem Türrahmen eingetippt und den Sirenenton abgestellt. Mit einem Schlag ist es verstörend still, und mir wird klar, was Erics und meinem Plan zum Verhängnis geworden ist. Ein Nullachtfünfzehn-Sicherheitssystem. Wer die Garage betritt, muss, um sich zu verifizieren, eine Zahlenkombination eingeben. Geschieht dies nicht innerhalb einer voreingestellten Zeit, verriegeln sich die Tore und die Tür. Will man diese dann wieder öffnen, wird der Alarm ausgelöst, und man sitzt fest. «Tur steckt!» Ach, fuck.

Jetzt aber. «Eberhard, ich ...»

«Pssssssst!»

Eberhard betätigt den Lichtschalter. Grelle Neonröhren strahlen summend kalt von der Decke. Zwei Fahrzeuge stehen nebeneinander geparkt in dem sonst leeren Raum. Direkt vor uns der jägergrüne Jaguar, dahinter ein schwarzer SUV von Volkswagen. Die Jaguar-Tür ist tatsächlich ausgetauscht, die verkratzte an die Mauer gelehnt. Luger fällt das gar nicht auf. Leicht mit den Knien wippend, breitbeinig steht er da, das Messer vor sich, die Sinne auf Maximalspannung. Er scannt seine Umgebung nach dem Feind ab, sprungbereit wie ein Löwe, und ist fest entschlossen, den Eindringling zu stellen.

«ZEIG DICH! EINBRECHER!», stößt er hervor, und der blanke Beton gibt seiner Stimme einen eigenartig hohlen

Nachklang. Dass er einem vermeintlichen Einbrecher ohne Umschweife das «Du» anbietet, nehme ich ihm unter den gegebenen Umständen nicht übel. Ich will nur, dass das hier nicht in einem Drama endet.

«Hier ist kein Einbrecher, Eberhard», sage ich beschwörend und merke jetzt erst, wie schwer mein Atem geht.

Luger observiert weiterhin den Raum. «Was redest du da?», zischt er, ohne mich anzusehen. «Hast du die Fußspuren im Schnee nicht gesehen?»

Susa und Karina kommen, unsere Jacken in der Hand, über den Hof gelaufen.

«Doch, habe ich», versuche ich so ruhig wie möglich zu bleiben. «Aber das ist alles meine Schuld. Bitte nimm das Messer runter.»

Susa und meine Freundin sind an der Garage angekommen. «Was macht ihr denn, Eberhard?»

«Was ist Bastians Schuld?» Karina guckt ungläubig auf die Waffe in Lugers Hand.

Doch für Diskussionen hat dieser gerade keinen Kopf. «Ihr geht sofort zurück ins Haus, der Kerl ist immer noch hier drinnen!», fährt er seine Frau und seine Tochter an und gebietet ihnen mit einem zackigen Wink, sich zurückzuziehen. Einzige Priorität für ihn hat die Verteidigung seiner Familie, seines Besitzes und seines Grund und Bodens. Wer wie woran Schuld hat, kann später immer noch geklärt werden.

Susas Ton bekommt etwas Bangendes. «Wenn hier wirklich ein Einbrecher ist, Eberhard, dann schließ die Tür. Von außen. Wir rufen die Polizei.»

«Jetzt zum hundertsten Mal: Hier ist kein Einbrecher», wiederhole ich mein Mantra beinahe flehentlich.

Karina fixiert mich misstrauisch. «Bastian, was ist hier eigentlich los?», fragt sie mich mit Nachdruck. Sie hat die ausgebaute, verkratzte Jaguar-Tür bemerkt.

In diesem Augenblick entdecke ich Eric. Er linst durch die verdunkelte Rückscheibe des SUV, auf dessen Rückbank er sich offenbar zusammengekauert hatte. Sonst hat ihn noch niemand gesehen.

Ich atme tief durch. «Das hier», mache ich eine raumumfassend ausladende Geste, «sollte eigentlich meine Weihnachtsüberraschung für Eberhard werden.»

«Ein Einbruch?» Unverständnis mischt sich in Karinas Ton.

«Nein! Äh, ja. Es ist ein bisschen kompliziert.»

Eberhard hat sich derweil, immer noch auf der Hut, wie ein menschlicher Schutzschild vor seiner Frau und seiner Tochter aufgebaut. Allerdings scheint er langsam zu spüren, dass nicht von unmittelbarer Gefahr auszugehen ist.

«Bastian, wer hält sich hier herinnen versteckt?» Es ist hörbar, wie schwer es ihm fällt, seine Stimmbänder unter Kontrolle zu halten.

«Eigentlich war das alles ganz anders geplant.» Also wirklich ganz anders. Ganz, ganz anders.

Jetzt hat auch Luger die Jaguar-Tür registriert. «Wart ihr an meinem Auto?!»

Statt zu antworten schiebe ich mich an Karinas Vater vorbei, umrunde den Sportwagen und öffne die Hintertür des VW. «Darf ich vorstellen», sage ich, «das ist mein guter Freund Eric. Der» – ich deute Anführungszeichen mit Zeige- und Mittelfingern an – «‹Einbrecher›.» Ich helfe dem Ghanaer beim Aussteigen. Zögerlich und ängstlich schiebt dieser sich von der Rückbank und setzt tapsig die Füße auf den Boden. Argwöhnisch beäugt er Luger und dessen Messer.

Da niemand etwas sagt, spreche ich weiter: «Ich wollte diesen dummen Unfall mit den Kratzern unbedingt wiedergutmachen. Vor allem, als ich von der Rallye erfahren habe. Im Internet habe ich mit Riesenglück tatsächlich eine baugleiche Tür für Eberhards Auto gefunden, sie besorgt, und Eric hat sie als Weihnachtsgeschenk eingebaut. Zur Bescherung dann: Tadaaaaaaa! Überraschung!» Ich mache einen Ausfallschritt und schwinge die Arme wie ein Zauberer, der einen gelungenen Trick präsentiert. Immer noch reagiert niemand. Offensichtlich müssen alle die Grandezza des von mir ausgeheckten Husarenstücks erst einmal sacken lassen. Bastian, du Tausendsassa!

Eric findet als Erster die Sprache wieder. «Bastian, du Arsch!» What?! «Was is mit dich eigentlich falsch? Wenn ich schreibe, dass Problem. Warum reagieren du nicht?!» Okay, da hat es ein kleines Missverständnis gegeben.

«Tut mir leid, das ...»

«Sie», schnauzt Luger Eric an, ohne mich ausreden zu lassen, «haben jetzt mal noch Sendepause!» Er hält das Messer wieder auf Brusthöhe. Dann dreht er sich zu mir. «Bastian, du bist wohl von allen guten Geistern verlassen.» Hä?! «Denkst du, ich lasse jeden dahergelaufenen Typen an den Jaguar meines Großvaters? Aber nicht nur das! Du schmuggelst einen Wildfremden bei uns ein, ziehst dann vor uns eine Scharade ab, genießt dreist unsere Gastfreundschaft – und wozu? Um 700 Euro Reparaturkosten zu sparen und dich einzuschleimen, oder was?» Quatsch! So konnte man es eigentlich nur auslegen, wenn man die Tatsachen verdrehte.

«Um das Geld war es mir eigentlich ...»

«Wie redest du eigentlich von und mit deinen Mitmenschen, Papa?» Karina geht ihren Vater so scharf an, dass dieser zusammenzuckt.

Doch schnell hat Eberhard sich wieder gefangen. «Sei doch froh, dass es jemand so klar anspricht, wenn so einer», er deutet mit der Klingenspitze in meine Richtung, «sich an dich ranwanzt.» Mohoment!

Das kann ich nicht auf mir sitzenlassen. «Also, ranwanzen ist vielleicht ein bisschen ...»

Susa lacht ihrem Mann verächtlich ins Gesicht. «Du bist doch auch nur ein Freund von Klartext, wenn du austeilen kannst, Eberhard. Und erzähl mir nicht, dass du dich nicht gefreut hast, als die Alarmanlage losgegangen ist. Da konntest du doch schön wieder Sheriff spielen. Was wolltest du eigentlich? Jemanden abstechen?»

«Mich der wollte abstechen, Bastian?» Eric ist fassungslos. Ich verkneife mir die Bemerkung, dass Luger mit Sicherheit nicht die Sitze des SUV versaut hätte.

«Eric, ich glaube ...»

«Pffff! Abstechen, Sheriff spielen?» Luger schnaubt Susa empört an. «Beschützen wollte ich euch!»

«Du bist Richter!», herrscht diese ihn an. «Du müsstest doch am besten wissen, dass man das Gesetz nicht in die eigene Hand nimmt.»

«Was ich als Richter am besten weiß, ist, dass einem aber manchmal nichts anderes übrigbleibt! Aber in deiner scheiß heilen Welt hat so was ja immer keinen Platz.» Luger ist jetzt richtig in Rage. Nicht mehr viel, und ihm platzt der Kragen. Susa straft ihn für seinen Angriff mit eisigem Schweigen.

Dass Eric der Kragen platzt, dazu fehlt allerdings augenscheinlich noch weniger. Er bebt. Und auch nach Schweigen ist ihm gar nicht zumute. «Ich habe funfzig Nachrichten gesendet, Bastian. FUNFZIG!», knurrt er, zieht sein Handy aus der Tasche und fuchtelt damit vor meiner Nase herum. Zur Veranschaulichung der Flut seiner von mir verpassten Messages scrollt er aufgebracht durch unseren Chatverlauf. Ich erkenne die Wörter und Satzteile «Tur», «brauchen Schlussel», «is laut», «Hilfe», «Larm» und «Rucksitz». Wieso er auch auf seiner Tastatur keine Umlaute benutzt, habe ich immer noch nicht verstanden.

«Ehrlich gesagt, Eric ...»

«Bist du eigentlich auch nur ein Sekündchen auf die Idee gekommen, mich in deinen ‹genialen› Plan einzuweihen, Basti?» Jetzt funkelt Karina mich auch noch grimmig an. Da sie «genialen» nicht unbedingt so betont hat, als hätte sie es wörtlich gemeint, schlussfolgere ich, dass sie ebenfalls sauer auf mich ist.

«Also, ich wollte ...»

«Na, da redet ja gerade die Richtige!» Ihr Schweigen brechend schießt Susa jetzt gegen ihre Tochter. «Du bist doch auch nicht besser! Ganz schön traurig, dass du das von deinem neuen Freund und dem Unfall auf dem Parkplatz vor uns verschwiegen hast.»

«Weil Papa bei so was immer so durchdreht.»

«Mir hättest du dich aber doch anvertrauen können.»

«Na, gut zu wissen, dass ihr Geheimnisse vor mir habt, Susa.»

«Mit dir redet gerade niemand.»

«Vielleicht ich brauche neue Freund. Is bessa.»

«Tut mir schrecklich ...»
«Pass auf, was ...»
«Du hast ...»
«Nur weil ...»
«Mir doch ...»
«Ich ...»
«Ihr ...»
«Du ...»

In das verworrene Giften, Keifen, Beschuldigen und Rechtfertigen hinein fängt plötzlich das Smartphone in Erics Hand an zu klingeln, und ich kann nicht glauben, welchen Signalton mein Kumpel sich eingestellt hat. «Highway to the Dangerzone» schallt blechern aus dem alten Android.

Eric sieht auf den Bildschirm, offenkundig verdutzt durch die darauf angezeigte Nummer.

«ALLE MAL RUHE!», brüllt er, und die Intensität seines rigorosen Befehls geht uns durch Mark und Bein. Irritiert leisten wir seiner Anweisung Folge und setzen unseren Streit aus.

«Eric Opoku», nimmt er den Anruf entgegen. Drei, vier Sätze hört er konzentriert zu. «Steht neben mich», reagiert er dann und reicht mir das Telefon. «Deine Vata, Bastian.»

Mein Vater ist aufgeregt. Hastig schildert er mir, was in meiner Abwesenheit passiert ist.

«Okay», sage ich. «Ich komme sofort.» Dann lege ich auf. Entgeistert starren mich die anderen an. «Mein Opa ist im Krankenhaus.»

Luger lässt das Messer jetzt endgültig sinken. Karina legt mir ihre Hand auf die Schulter, ihre Mutter umschließt uns beide mit den Armen. In Erics Blick ist nichts außer Mitgefühl, Sorge und Trost. Die eben erhaltene Hiobsbotschaft hat alles auf null gesetzt.

«Ich muss ins Krankenhaus», sage ich.

«Steig ein, ich fahr dich», sagt Luger, und noch bevor ich widersprechen kann, hat er sich schon hinter das Steuer des Jaguar geklemmt.

14. Kapitel

NICHT UNBEDINGT DIE WEIHNACHTLICHSTE ANEKDOTE

Ein Deutscher, ein Richter und ein Ghanaer fahren in einem Auto. Fehlt nur noch ein Pfarrer, dann wären wir der Anfang eines Witzes.

Luger lenkt die Sportlimousine in Höchstgeschwindigkeit durch das verschneite Schwarzendorf, ich sitze auf dem Beifahrersitz, Eric auf der Rückbank. Susa und Karina würden uns im SUV folgen.

Außer uns ist niemand auf den Straßen.

Die Räder des Jaguar kleben auf der Fahrbahn. Im Rückspiegel sehe ich, wie Matsch und Rollsplit von den Felgen und vom Gummiprofil der Reifen spritzen wie Funken. Gleich scharf links, anschließend noch zwei Kreuzungen überqueren, dann sind wir am Klinikum St. Klara, dem Krankenhaus, in dessen Notaufnahme meine Eltern meinen Großvater haben einliefern lassen.

Opa Georg hatte wieder einen seiner «Momente». Nur dieses Mal wesentlich heftiger. Kurz vor der Bescherung war er völlig apathisch in seinem Sessel zusammengesunken und hatte weder auf Zureden noch Tätscheln der Handflächen und Wangen reagiert. Nicht einmal Lisbets vertraute Stimme hatte ihn aus seinem Dunkel zurück ins Hier-und-Jetzt holen, ihn den Weg nach draußen finden lassen können. Georgs Lebensgefährtin hatte die Verzweiflung gepackt, und als Georgs Atmung immer flacher und flacher geworden war – und auch mein Bruder aus medizinischer Sicht dringend dazu geraten hatte –, hatte meine Mutter den Krankenwagen gerufen.

Noch 200 Meter bis zur letzten Kreuzung vor der Kleinstadt-Klinik. Mein Magen ist ein einziger flauer Knoten.

«Ich hatte dir auch gefahren, Bastian», meldet sich Eric, seinen Kopf zwischen unseren Sitzen nach vorne gestreckt.

«Das ist wirklich lieb von dir, Kumpel», erwidere ich. «Aber du siehst ja, wie wenig geräumt wurde.»

«Ich hatte Vollspeed gegeben.»

«Hättest du, keine Frage. Aber ich will nicht im Krankenhaus landen.»

«Ich dachte, wir wollen in Krankenhaus landen?»

«Hast du auch wieder recht.»

Erics Unbekümmertheit tut gut. Die Ampel vor uns schaltet auf Rot.

Luger bremst ab und sieht zu mir rüber. «Dein Großvater packt das schon, Bastian. Großväter sind ... besonders.» Er schluckt. Fast wirkt es, als hätte er einen Kloß im Hals.

«Danke, Eberhard», sage ich und meine es so.

Grün. Über die Kreuzung. Schon fahren wir auf den Parkplatz des St. Klara und springen direkt vor dem Haupteingang aus dem Jaguar. Zwei Stellplätze weiter steht Niklas' und Fines VW Bus. Wir sprinten durch die gläserne Eingangspforte und versuchen, uns zu orientieren. Das große Foyer ist beinahe verwaist. Wer die Feiertage irgendwie zu Hause verbringen kann, tut dies. Der Kiosk zu unserer Linken hat geschlossen, die Rollläden sind heruntergelassen und die Ständer für Glück- und Genesungswunschkarten leergeräumt. Geradeaus geht es zur Cafeteria, passiert man diese, kommt man zur Hauskapelle und dem neugebauten Reha-Zentrum.

Ein paar wenige Patienten sitzen – teils in Bademänteln, teils mit einem Tropf im Schlepptau – mit ihren Freunden und Angehörigen auf Holzbänken oder unterhalten sich an Stehtischen vor einem großen Christbaum in der Mitte der Aula. Am Anmeldeschalter zu unserer Rechten sitzt eine Frau Mitte vierzig, die ein aufgestecktes Rentiergeweih trägt. Noch bevor ich mich bei ihr nach meinem Großvater erkundigen kann, sehe ich meinen Vater aus Richtung der Aufzüge auf uns zukommen.

«Bastian!»

«Papa!»

«Frohe Weihnachten», sagt er bitter, und wir drücken uns kurz.

«Wie geht's Opa Georg?»

«Er ist nicht auf Intensiv.» Der Ton meines Vaters ist sachlich, aber bedacht. «Lebensgefahr besteht keine, meinen die Ärzte.»

«Das ist doch schon mal gut.» Der Knoten in meinem Bauch lockert sich etwas.

«Ja, das ist gut, aber was genau los ist, werden sie wohl erst morgen nach einigen Tests erfahren.»

«Können wir zu ihm?»

«Die anderen sind schon oben. Hallo, Eric.» Mein Vater schüttelt Eric die Hand, und dieser nickt ihm aufmunternd zu.

«Hallo. Froh Weihnachten. Was fur ein Scheiße.»

Eberhard Luger hat sich ein paar Schritte entfernt im Hintergrund gehalten. Jetzt tritt er, seinerseits die Hand ausgestreckt, auf meinen Vater zu.

«Guten Abend, Herr Kollinger. Bastian hat auf der Herfahrt alles erzählt. Meine Gedanken sind bei Ihnen und Ihrer Familie.»

«Vielen Dank.» Mein Vater ergreift Eberhards Hand und schüttelt sie.

«Ich bin der Vater von Bastians Freundin Karina. Luger. Also ... Eberhard. Freut mich, trotz der widrigen Gegebenheiten.»

«Gleichfalls. Kollinger. Also ... Walter. Wie die Pistole», gibt mein Vater zurück, dreht sich um und führt uns zu den Besucherliften.

Wir betreten die geräumige Kabine, und mein Vater drückt auf die Drei.

Der erste Stock gehört noch zur Notaufnahme. Mit Behandlungszimmern, Schock- und Röntgenraum und Laboren. Im zweiten befindet sich die Unfallchirurgie, die allgemeine innere Medizin und die Hals-, Nasen-, Ohrenheilkunde. Im dritten Stock halten wir mit einem Ruckeln an. Die Abteilung, in der mein Großvater untergebracht ist, teilt sich die Etage mit der Neurologie und der Kinderstation.

Wir verlassen den Fahrstuhl. Der vor uns liegende Korridor ist mit grau-beigem Linoleum ausgelegt. In Hüfthöhe der hellblau und sepia gestrichenen Wände sind hölzerne Haltegeländer befestigt. Eine große Zeigeruhr hängt an der Wand eines offenen Wartebereichs, darunter Klappstühle aus Plastik und Zeitschriften mit Lesezirkel-Einband auf den niedrigen Tischen.

Für die kleinen Besucher wurde linker Hand, zur Kinderstation hin, eine eigene Weihnachts-Spielecke eingerichtet. Eisbären und Schneemänner sind über das Mauerwerk gepinselt, eine Elsa-Puppe sitzt auf einem Bobby-Car. Bücher, Matchbox-Autos und Puzzles sind über den Boden verstreut, auf einem Sideboard liegen Stofftiere, eine Mundharmonika, ein Glockenspiel und eine Blockflöte.

Wir biegen rechts ab. Meinem Vater folgend durchschreiten wir eine Automatikschwingtür, gehen am Schwesternzimmer vorbei und bleiben vor Zimmer 3-187 stehen. Am Ende des Gangs sehe ich meinen Bruder, wie er sich mit einer Frau in weißem Kittel und mit Stethoskop um den Hals unterhält.

«Basti, Eric!» Er wendet sich von der Frau ab, läuft zu uns, und wir begrüßen uns knapp. Luger stellt sich meinem Bruder vor, und dieser bedeutet uns, uns im Krankenzimmer auf den neuesten Stand bringen zu wollen. Wir treten ein.

Das Einbettzimmer ist in denselben Farbtönen gehalten wie die Flure. Ein Schrank, zwei Stühle, ein Beistelltischchen. Ein alter Röhrenfernseher hängt an einer Wandhalterung. Die Gardinen sind offen.

Jemand hat Opa Georg seinen Pyjama angezogen. Er liegt, die Decke über den Beinen, leicht aufgerichtet auf zwei aufgeschüttelten Kissen auf seinem am Kopfende hochgestellten Bett. Sein Hörgerät hat er im Ohr, seine Brille, hinter deren dicken Gläsern seine Augen wie tischtennisballgroße, trübe Tropfen wirken, sitzt ihm fest auf dem Nasenrücken. Mit einem Clip ist ein Sauerstoffschlauch an seine Nasenlöcher geklemmt, ein Pulsmessgerät hängt ihm mit einem dicken Pflaster am rechten Zeigefinger. Kaum wahrnehmbar hebt und senkt sich sein Brustkorb. Schnell. Stockend. Ängstlich. Seine Lider zucken. Wo er ist und was um ihn herum passiert, scheint Opa Georg nicht zu realisieren. In seinem Verstand haben sich die Zahnräder verkeilt.

Lisbet steht am Kopfende des Bettes. Mit einem Stofftaschentuch tupft sie ihrem Lebensgefährten die Stirn. Meine Mutter steht neben ihr. Fine sitzt, den schlafenden Lenni auf dem Schoß, auf einem der Stühle. Eric und ich drücken alle einmal der Reihe nach, und ich mache Eberhard mit meiner restlichen Familie bekannt, was meine Mutter mit den Worten «Na, wir kennen uns ja schon» quittiert. Das lässt Luger mit dem Vermerk, im Foyer auf Karina und seine Frau warten und uns allen etwas zu trinken besorgen zu wollen, direkt wieder rücklings aus der Tür schlüpfen.

Meine Mutter blickt fragend in meine Richtung, und ich gebe ihr zu verstehen, dass ich später alles erzählen werde. Dann beginnt Niklas mit seiner Ausführung.

«Die Oberärztin meint, es könnte irgendwas mit den Nervenzellen sein, mit den Neuronen im Gehirn. Muss aber auch nicht. In Opa Georgs Alter sind solche Blackouts nicht gerade selten. Lisbets Stimme ist einfach das, an was er am meisten gewöhnt ist und was ihm dann immer hilft, sich wieder zurechtzufinden. Eine tiefsitzende Erinnerung, die den Aussetzer vertreibt. Wie ein Impuls, der das Dunkel durchdringt. Und offenbar ist dieser Impuls im Moment einfach nicht stark genug.»

«Und was können wir tun?» Meine Mutter hat sich neben Fine auf den zweiten Stuhl gesetzt.

«Abwarten», zuckt Niklas die Schultern. «Die Ärztin ist wirklich fit. Sie sagt, Opa kann uns mit hoher Wahrscheinlichkeit hören und das, was er hört, auch verarbeiten. Bis morgen können wir erst mal nichts machen, außer bei ihm zu bleiben und mit ihm zu sprechen.»

«Na, dann», meine Mutter zieht ihren Stuhl an das Krankenbett heran und nimmt die schlaffe Hand ihres Vaters in ihre. «Papi, fangen wir mal ganz von vorne an. Es ist Weihnachten.»

«Wie man unschwer am Rentier-Haarreif der Empfangsdame erkennen konnte», fügt Niklas an.

«Ach, ich finde das eigentlich schön», meldet sich Fine. «Ist doch toll, wenn das Personal den Leuten hier ein bisschen feierliche Stimmung mitgibt.»

«Apropos Kopfbedeckungen und feierliche Stimmung», schmunzelt mein Vater. «Wisst ihr noch, diese schrecklichen Nikolausmützen, die Georg Niklas und Basti damals geschenkt hat?»

«Herrje!» Meine Mutter streichelt Opa Georg den Handrücken. «Weißt du das noch, Papi? Diese roten Bommelmützen? Mit den Fernbedienungen und den im Saum eingenähten Lautsprechern?» Georg blinzelt ins Leere.

«Ja, diese Dinger aus China!», erinnere ich mich jetzt ebenfalls. «Mit den LED-Lichtern!»

«Hat uns fast in den Wahnsinn getrieben», tippt mein Vater sich an die Schläfe.

«Ho, ho, ho!», ahmt mein Bruder, die Stimme verstellend, einen der Nikolaus-Soundeffekte nach.

«Ho, ho, ho!», steigt mein Vater mit ein. «Von morgens bis abends. Ho, ho, ho! Und bei dem Geblinke hatten wir immer die Befürchtung, dass ihr den kompletten Flugverkehr in unserem Luftraum irritiert.»

«Ich fand die mega», sage ich bekräftigend an meinen Großvater adressiert.

«Wir nicht so», meint meine Mutter lächelnd. «Aber war ja lieb gemeint.» Lidzucken bei Opa Georg. Sonst weiterhin keinerlei Reaktion. Die Zahnräder bleiben verhakt, sein Bewusstsein weiterhin vom Dunkel umhüllt.

«Was hat der Georg fruha noch so geschenkt?», will Eric jetzt wissen.

«Tja, Opa hatte bei Geschenken öfter mal so ein Händchen», gluckst Niklas. «Ich sag nur: die *Alien*-Trilogie auf Video. Ungeschnitten. Da waren wir beide in der ersten und zweiten Klasse oder so, Basti.»

«Oder das Hunderterpack Klebestreifen-Fliegenfallen», grinse ich. «Die Topüberraschung für Kids.»

«Und natürlich mein Favorit: für Bastian und mich», mein Bruder guckt in die Runde, «je ein halber Käselaib Gouda. Hat sonst niemand im Kindergarten bekommen.»

«Darüber würde ich mich tatsächlich auch heute noch freuen. Hat er dir nicht mal eine Stange Zigaretten geschenkt, Nick?»

«Da war ich elf, ja.»

«Ihr habt ja keine Ahnung», mischt Lisbet sich ein, «was eure Eltern und ich gerade noch so alles an Präsenten für euch verhindern konnten, als ihr noch klein wart. Unser halber Keller steht immer noch voll mit Fauxpas.» Weiterhin blinzelt Opa Georg verwirrt über die trüben Augäpfel.

«Aber die Katastrophe überhaupt konnten wir auch nicht verhindern, Lisbet», sagt mein Vater nun und kratzt sich im Nacken. «Wobei da der ‹Fauxpas› ja eher die Umsetzung war.»

«Oh nein, Walter, ich weiß, was jetzt kommt!» Meine Mutter schlägt sich die Hand vor den Mund.

«Goldie!», stößt Niklas aus und fasst sich dazu theatralisch ans Herz. «Der kleine Goldie!»

Goldie war einer von zwei Hamstern gewesen, die mein Opa uns zu Weihnachten hatte schenken wollen und die Niklas und ich uns sehnlichst gewünscht hatten. Mein Hamster hieß Flauschi, Goldie der für meinen Bruder. Beide hatte Opa Georg zur Bescherung in eingepackten Schuhschachteln mitgebracht. Nur hatte er bei Goldies Schuhschachtel die Luftlöcher vergessen.

«Die Geschichte kenne ich ja noch gar nicht», bemerkt Fine und wippt Baby-Lenni, der kurz zu quengeln begonnen hat, auf den Knien.

«Ist auch nicht unbedingt die weihnachtlichste Anekdote, die die Kollinger-Familie zu bieten hat», wirft mein Vater ein.

«Spoiler Alert», zeigt mein Bruder auf: «Am Ende der Geschichte versucht Walter Kollinger einen blau angelaufenen Hamster per Mund-zu-Mund-Beatmung wiederzubeleben.»

HAHAHAHA, stimmt! Da war was. Wir lachen viel zu laut für den kleinen Raum und völlig unangebracht für die Situation. Am lautesten lacht mein Vater. Nur Eric und Fine schauen ebenso verloren drein wie Opa Georg. Fine hält Lenni die Handflächen über die Ohren. Schallend hallen die Wände des Krankenzimmers. Wir lachen und lachen und lachen.

Meine Mutter prustet geradezu. «Ich weiß noch, wie du die Herz-Rhythmus-Massage angesetzt hast, Walter!»

«Mit dem Zeigefinger!», japse ich.

«Gerade, dass du ihn nicht in die stabile Seitenlage gebracht hast», platzt es aus Niklas heraus.

«... wie ein Luftballon ...»

«... Tiernotarzt ...»

«... Hamster-Defibrillator ...»

«... weg vom Tisch ...», gackern, quieken und juchzen wir durcheinander. Wir sind den Tränen nah. Lisbet wischt sich die feuchten Augen, Niklas hält sich den Bauch, meine Eltern klatschen sich hyperventilierend auf die Oberschenkel. Kurz bilde ich mir ein, dass Opa Georgs Mundwinkel nach oben zucken, doch als ich mich vergewissern will, zucken schon wieder nur noch seine Augenlider.

«Eine Hamsta ist eine ... Hamsta?» Eric versteht die Welt nicht mehr und sieht ungläubig in unsere puterroten Gesichter. Wir schnappen nach Luft. Schnaufen, keuchen, ringen um Fassung, bemüht, wieder runterzufahren.

Fine hat sich von unserer Albernheit anstecken lassen. «Mein Gott», kichert sie, «was ist das denn nun wieder für eine Geschichte? Jetzt nehmt doch nicht schon die Pointe vorweg. Erzählt! Heiligabend bei euch zu Hause, am Ende stülpt Walter seine Lippen auf die Schnauze eines Nagetiers, okay, das habe ich verstanden.» Eine erneut aufkommende Lachsalve rüttelt uns durch. «Ist ja gut jetzt!» Fine spielt genervt. «Was passiert dazwischen? Hat Goldie überlebt?! Die ganze Story, bitte.» Wir atmen kollektiv ein. Mein Hals schmerzt. Meine Mutter lässt sich seufzend in ihre Stuhllehne fallen und bringt die durcheinandergeratenen Haare wieder in Ordnung. Nach und nach fangen wir uns.

Mein Vater hat sich als Erster wieder gänzlich eingekriegt und fängt an zu erzählen: «Also, es war so: Bastian und Niklas müssen so um die acht und zehn gewesen sein.»

«Also zwischen den *Alien*-Filmen und den Zigaretten», giggelt mein Bruder erneut los, was Fine aber sofort mit einem lieb-scharfen «Pschschschsch!» unterbindet.

«Bitte, Walter. Weiter.»

«Genau, Danke.» Mein Vater nimmt seine Brille ab und putzt sie mit einem Hemdsärmel. «Also: Heiligabend vor nicht ganz 25 Jahren. Ihr müsst euch vorstellen, Brigitte hat gerade zur Bescherung geläutet und …»

«Stopp!», unterbricht ihn meine Mutter, jetzt wieder vollends bei Kräften. «Du meinst das Christkind!»

«Richtig, das Christkind …», nickt mein Vater ihr treuherzig zu und fährt fort. «Das Christkind hat gerade zur Bescherung geläutet und Brigitte, Lisbet, die Jungs und ich stehen im Wohnzimmer vor unserem Christbaum. Die Adventskranzkerzen brennen, es duftet weihnachtlich, gleich wird gesungen. Seid ihr alle bei mir?»

Allgemeines Nicken. Alle haben den Lachanfall verwunden und lauschen.

Das erste Mal habe ich den Eindruck, dass die Atemzüge meines Großvaters tiefer werden. Das wässrige Trübe aus seinen Augen wegzublinzeln, gelingt ihm jedoch nach wie vor nicht. Es bleibt dunkel. Unablässig blockieren die Zahnräder.

Weiter mein Vater: «Wir stehen also am Christbaum. Draußen hat es sibirische zehn Grad unter null. Das Feuer im Kachelofen knackt und prasselt, und ‹das Christkind›», er wirft einen Seitenblick zu seiner Frau, «hat alles wunderschön angerichtet.»

«Euer Kachelofen macht immer so eine angenehme Wärme, Walter», entsinnt sich Lisbet.

Je tiefer Opa Georgs Atmung wird, desto heftiger zucken seine Lider.

Mein Vater führt weiter aus: «Es ist wirklich wohlig im Wohnzimmer. Auf dem Parkettboden vor der Krippe liegen mit Schleifen verzierte Päckchen und Pakete und Tüten voller Süßem, Mandarinen und Nüssen. Niklas und Bastian können es kaum erwarten, sich auf ihre Geschenke zu stürzen und das Glanzpapier von den Kartons zu reißen. Besonders gespannt sind sie darauf, was sie von Opa Georg bekommen, zumal der versprochen hatte, sich in diesem Jahr an den Wunschzettel zu halten – und zwei der Geschenkboxen rascheln verdächtig.»

Opa Georg drückt die Lider nun immer kräftiger zusammen. Während mein Vater erzählt, wird es förmlich spürbar, wie die Erinnerungen sich für ihn zu manifestieren beginnen. Die Veränderung ist uns allen aufgefallen. Mit einem Schlag ist es, als sähe sich mein Großvater vor dem hellerleuchteten Weihnachtsbaum im festlich geschmückten Wohnzimmer von vor knapp zweieinhalb Jahrzehnten mit sich in purpurnen Christbaumkugeln spiegelndem Lichterkettenschein und silber schimmerndem Lametta. Den winterlichen Tannennadelduft und das süßliche Aroma von Mandarinen scheint er regelrecht riechen, die die Haut umschmeichelnde Wärme des Kachelofens nahezu fühlen zu können. Georgs Finger greifen in das Laken seiner Decke. Damals stand er immer neben Lisbet – er in seinem guten Anzug, sie in einem samtenen Kleid –, um ihn mein Vater mit Schnauzer und dichterem Haar, meine Mutter mit Rotstich und Pony-Frisur, mein 136 Zentimeter großer Bruder und ich mit meiner Blockflöte in der Hand, alle die glänzenden Augen voller Vorfreude. Auch jetzt wirkt es, als würde die Nähe zu seiner ihn in diesem Augenblick umgebenden Familie meinen Großvater Georg durchströmen. Hinter seinen unvermindert bebenden Lidern weiten sich die Pupillen. Mein Vater stutzt.

«Papi, weißt du noch, wie das war?», spricht meine Mutter ihren Vater jetzt wieder direkt an, und ein Hauch der Erkenntnis scheint über das Gesicht des alten Mannes zu huschen. «Kannst du dich noch erinnern, wie voller Vorfreude die Jungs waren? Nick war ganz zapplig, und Bastian hat vor Aufregung fast sein Flötenmundstück verschluckt.»

«Wir wollten gerade die Weihnachtslieder anstimmen», gibt mein Vater dazu, «als dir aufgefallen ist, dass in einer der Hamster-Schuhschachteln das Rascheln aufgehört hatte.» Georg presst seine Augen jetzt immer schneller zusammen. Auf, zu, auf, zu. Mit Druck versucht er, die verkanteten Zahnräder loszulösen, das Trübe, das Dunkel, das ihn vom Hier-und-Jetzt trennt, zu vertreiben. Doch er schafft die Verbindung in die Gegenwart nicht. Die bloße Erinnerung reicht nicht aus, dass er – sich an der Erzählung entlanghangelnd – wahrhaftig in diesen jetzigen Moment zurückfindet. Etwas fehlt ihm. Er braucht einen stärkeren Impuls als die gesprochenen Worte von diesem Weihnachtsfest von vor fast zweieinhalb Jahrzehnten. Das Weihnachtsfest, an dem wir das einzige Mal an Heiligabend nicht gesungen haben – das einzige Mal außer heute.

Und plötzlich fällt es mir ein. Es durchfährt mich wie ein Stromschlag. Ich stürze aus dem Zimmer. Die Sohlen meiner Schuhe quietschen auf dem grau-beigen Linoleum. Ich wetze den Krankenhausflur entlang, stoße vor dem Schwesternzimmer fast einen Laborwagen mit Petrischalen um, springe durch die Automatikschwingtür und stehe in dem offenen

Wartebereich gegenüber den Aufzügen. Weiter nach links. In Richtung der Kinderstation. Zur Spielecke.

Die Elsa-Puppe sitzt immer noch auf dem Bobby-Car, die Puzzles und Matchbox-Autos sind auf dem Boden verstreut, nach wie vor liegen die Musikinstrumente zwischen den Kuscheltieren auf dem Sideboard. Da! Da ist die Blockflöte. Als ich sie in die Hand nehme, kommt sie mir kleiner vor als die meiner Kindertage.

Ich muss mich beeilen. Wieder durch die Automatikschwingtür, ein paar schnelle Schritte, dann bin ich zurück im Krankenzimmer meines Großvaters. Fragende Gesichter. Opa Georgs Zustand ist unverändert. Er blinzelt, drückt und presst die Augenlider zusammen. Ohne Erfolg.

«Basti, was ...?», will meine Mutter gerade ansetzen, doch ich winke ab.

«Was war für Opa Georg jedes Weihnachten immer das Schönste? Schöner als jedes Festtagsessen, jedes Schenken und Beschenktwerden? Ohne was war für ihn die Bescherung schon immer unvorstellbar?» Baffes Kopfschütteln. Statt eine Antwort abzuwarten, spreche ich weiter: «Ich brauche jetzt eure Unterstützung. Vielleicht dringen wir so zu ihm durch. Den Text könnt ihr», sage ich und setze die Flöte an die Lippen.

Meine Familie ist immer noch völlig perplex. Verdattert beobachten mich meine Eltern, mein Bruder, Fine, Lisbet und Eric dabei, wie ich zaghaft in die Blockflöte puste. Niemand reagiert. Die ersten Töne schieben sich zitternd aus dem Holz. Schief. Dünn. Mehr Luftstoß als Klang. Keiner der Anwesenden erahnt, welches Lied ich hier darzubieten versuche. Wenn ich nicht wüsste, was ich hier spiele, würde ich die Melodie selber nicht zuordnen können. Die pfeifenden Noten unterscheiden sich kaum voneinander. Trotzdem ziehe ich durch, und mit dem vierten Takt werde ich schließlich etwas sicherer. Dann geht meiner Mutter ein Licht auf. Als würde sie die Antwort auf eine gestellte Frage bei einer Rateshow kennen, deutet sie auf mich und ruft: «DAS IST ‹STILLE NACHT›! BASTI SPIELT ‹STILLE NACHT›!» Jetzt hören es alle. Ich bin beim letzten Ton des letzten Taktes und beginne von vorne. Mit meinem erneuten Einsatz stimmt mein Vater die ersten Zeilen des geliebten Weihnachtsliedes meines Großvaters an.

Stiiiihiiilleeee Naaaacht,

Jetzt fällt auch meine Mutter, die sich von ihrem Stuhl erhoben hat, mit ein.

heiiiiligeeee Naaaacht!

Mein Bruder und Lisbet tun es meinen Eltern, deren Zweigesang verstärkend, gleich. Fine, die, Lenni im Arm, ebenfalls aufsteht, beginnt, die Oberstimme zu singen.

Aaaaalles schlääääft,

Eric, der die englischsprachige Coverversion des Liedes kennt, hat die Lyrics inzwischen gegoogelt und komplettiert unseren Chor.

einsaaaaaam waaacht

Was für ein Scheißtext.

nuuur das trauuute hoch heiiiilige Paaar.

Aber bei meinem Großvater passiert etwas. Kaum merklich reißt es ihn. Als würde ihm unvermittelt etwas einfallen.

Wir werden lauter, inbrünstiger.

Hooolder Knaabe im looooockigen Haaaar,

Unvermindert heftig – wie während der Erzählungen meines Vaters – blinzelt Opa Georg, doch jetzt beginnt das Trübe in seinen Augen mit jedem Lidschlag weiter und weiter abzunehmen. Er versucht, den Aussetzer zu vertreiben, die verkanteten Zahnräder zu lockern, aus dem Dunkel zurückzufinden – mit mehr Kraft. Unser Lied ist sein Impuls, seine Verbindung ins Hier-und-Jetzt. Mit jeder Note und jeder Silbe stehen er und wir näher zusammen vor dem strahlenden Weihnachtsbaum.

Schlaf in hiimmlischer Ruhuuu,
Die Räume verschwimmen.

Wir tauchen ein in Georgs Erinnerung, bis wir selbst Teil davon werden. Wir sehen, was er sieht, riechen, was er riecht, und hören, was er hört. Die wohlige Kachelofenwärme, die funkelnden Christbaumkugeln, den Duft nach Tannennadeln und Mandarinen. Zusammen fühlen wir die Geborgenheit, das Glück und die Ruhe dieses allumfassenden Innehaltens, das die Festtage so einzigartig macht.

schlahaaf...

Das erste Mal wirkt es jetzt, als bemerke uns mein Großvater vollumfänglich. Er blickt in unsere Gesichter. Lächelt.

...in...

Wir lächeln zurück.

...himm...

Nichts wünsche ich mir mehr,

...lischer...

als dass wir uns gleich, wie früher, mit der letzten von mir gespielten Note, «Frohe Weihnachten!» rufend in die Arme fallen.

...Ruuuh.

Opa Georgs Augen sind nun völlig klar. Es ist, als wäre er

aufgewacht. Mein Großvater hat aus der Dunkelheit zurückgefunden.

Lisbet drückt ihn an sich, meine Mutter presst ihren Kopf an seine Brust, wir anderen stehen weiter eng im Halbkreis um das Bett, streichen über seine Schultern und Arme. Opa Georg erwidert die Liebkosungen und Herzlichkeiten. Kurz. Dann räuspert er sich. Er will etwas mitteilen. Seine Stimme ist rau und heiser.

«Na», sagt er, und es ist mehr ein Krächzen, «da hast du aber nicht geübt, Bastian.»

15. Kapitel

WIE GEHT ES DENN JETZT EIGENTLICH WEITER?

Was war denn jetzt eigentlich mit Goldie?» Fine hat Lenni ins Bett gebracht und sich, das Babyfon auf dem Schoß, neben Niklas auf die Couch fallen lassen. Wir sitzen im weihnachtlichen Wohnzimmer meiner Eltern – Fine, mein Bruder, meine Mutter, mein Vater, Eberhard, Susa, Eric, Karina und ich.

Eberhard, Susa und meine Freundin hatten Opa Georgs Krankenhauszimmer betreten, kurz nachdem dieser, übermannt von den Strapazen der letzten Stunden, in tiefen Schlaf gefallen war. Von der allgemeinen Erleichterung überwältigt, war das gegenseitige Bekanntmachen überaus emotional ausgefallen. Ein «Sie», ein «Herr» und ein «Frau» gab es nicht mehr. Als die Chefärztin wenig später ins Zimmer kam und uns mit dem Verweis, dass mein Großvater jetzt dringend seine Ruhe benötige, nach draußen scheuchte, hat meine Mutter die Lugers kurzerhand zu uns nach Hause eingeladen.

«Ich glaube, wir brauchen jetzt alle dringend einen Schnaps», meinte sie, und niemand widersprach. Außerdem würden «die Würstchen sich nicht von alleine essen».

Lisbet hat sich, da Opa Georg mindestens noch diese Nacht zur Beobachtung und morgen für die vorgesehenen Tests im St. Klara bleiben soll, ein Beistellbett bringen lassen – sie will an der Seite ihres Lebensgefährten im Krankenhaus übernachten. Morgen werden wir die beiden dann sofort wieder besuchen. Die Bescherung holen wir nach, sobald Georg entlassen wurde.

Eric schiebt sich ein Sofakissen in den Rücken. «Genau, die Hamsta!», sagt er und schlürft an seinem Grappa. «Was war mit die?»

«Hattet ihr Hamster?» Karina und ich sitzen im Schneidersitz auf dem dicken Wohnzimmerteppich.

«Nicht lange», kommentiert mein Vater. Er hat sich einen Vorrat an Schoko-Christbaumkugeln vom Baum gezogen und vor sich zu einer Pyramide aufgebaut. Als kleine Vorspeise vor den Würstchen, die es gleich noch geben soll.

Seine Frau stibitzt ihm eine der mit Nougat gefüllten Köstlichkeiten. «Walter musste damals Niklas' Hamster Goldie per erster Hilfe wiederbeleben», erklärt sie den etwas ratlos guckenden Lugers. Diese sehen sich vielsagend an.

«Und?» Fine trinkt von ihrem Wasser und greift ebenfalls nach einer der Schokokugeln. «Hat Goldie überlebt?»

«Hat er tatsächlich», nicke ich und schwenke meinen Rest Moscato. «Er hatte ein glückliches Hamster-Leben.»

«Allerdings nur knapp ein halbes Jahr», ergänzt Niklas. «Bis zum Sommer, als mein Goldie und Bastians Flauschie aus ihrem kleinen Maschendraht-Freigehege im Garten ausgebrochen sind und Papa sie versehentlich mit dem Rasenmäher überfahren hat.»

«Auf Goldie und Flauschie!» Mein Vater erhebt sein Glas.

«Auf Goldie und Flauschie!», fallen wir alle ein und lassen unsere Gläser aneinanderklirren.

«Und bei euch, Basti ... war es auch ... sehr ... besinnlich?», fragt meine Mutter verschmitzt und schenkt uns reihum nochmals nach. Ich bin mit meiner Familie zusammen vom Krankenhaus zurückgefahren und habe die Gelegenheit genutzt, den Abend bei Lugers – mit einigen Aussparungen – Revue passieren lassen.

«Total besinnlich», entgegne ich.

«Höchst, höchst besinnlich», bestätigt Eberhard, zwinkert mir verschwörerisch zu und legt den Arm um seine Frau.

«Und am Ende ein bisschen wie bei Goldie und Flauschie», stößt diese ihr Knie zärtlich gegen das ihres Mannes.

«Bastian, was ich dich noch fragen wollte.» Eberhard räuspert sich. «Also, die Jaguar-Tür. Das ist an sich wirklich eine tolle Idee.»

«Wirklich eine tolle Überraschung», gickst Karina.

Wieder räuspert sich Eberhard. «Wie ist das denn nun? Die Tür, gehört mir die jetzt?»

«Wie das so ist bei Geschenken, ja.» Jetzt bin ich es, der verschwörerisch zwinkert.

«Na, dann: Danke.»

«Gerne, Eberhard. Allerdings gibt es da noch ein kleines Problem.»

«Was denn?» Der Vater meiner Freundin ist verwundert. «Falls du das mit der Reparatur meinst: Das hat sich damit ja jetzt erledigt.»

«Das freut mich natürlich, aber nein, das meine ich nicht.» Ich mache eine bedeutungsschwangere Pause. «Ich weiß ja nicht, wie das traditionell so bei euch ist, aber wenn man bei uns vor der Bescherung das Christkind beim Aufbauen der Geschenke absichtlich stört, nimmt das Christkind die Gaben direkt wieder mit.»

«Ist bei uns auch so», feixt Karina.

«Vielleicht macht das Christkind dieses Jahr ja mal eine Ausnahme», blitzt Susa belustigt.

«Ich bitte darum», merkt Eberhard an. «Sonst muss Eric mir für die Rallye morgen die verkratzte wieder einbauen.»

«Ich zeige dir, wie man ein Tur einbaut. Und du mir, wie ich auf Schnee eine noch schnellere Fahra werde, Eberhard», schlägt Eric vor und prostet dem Richter zu.

«Hört sich nach einem guten Deal an», prostet dieser zurück.

«Noch schneller, vor allem», betone ich, und Eric wirft sein Sofakissen nach mir.

Aus Fines Babyfon knatscht und nörgelt es. Baby-Lenni ist offenbar mit der Welt unzufrieden. Fine will sich erheben, aber ich signalisiere ihr, dass sie ruhig sitzen bleiben könne.

«Ich geh schon. Ich wollte ohnehin mal nach dem Kleinen schauen, wenn das okay ist.»

Fine hat nichts dagegen und ist anscheinend ganz froh, mal die Füße etwas ausstrecken zu können.

Karina schließt sich mir an. Gemeinsam gehen wir die Treppe nach oben. Leicht knarren die Stufen. Die Kachelofenwärme ist durch die Türen und Wände über den Flur bis hier ins Obergeschoss zu spüren.

«Das da ist dein altes Zimmer, Basti?» Karina deutet auf mein ehemaliges Kinder- und Jugendzimmer, dessen Tür halb offen steht.

«War es mal, ja», sage ich.

«Und das war das von Niklas?» Niklas' Zimmertür ist angelehnt.

«Ja. Heute ist das der Spa- und Wellness-Bereich.»

«Aha.» Karina senkt ihre Stimme, während sie sich bedächtig in das Zimmer schiebt. «Kommst du eigentlich später wieder mit zu uns?»

«Ich denke schon», erwidere ich mit ebenso gedämpfter Stimme, «dein Vater und ich wollten uns noch *Pretty Woman* zusammen fertig angucken.»

«Was?»

«Egal.»

«Okay.»

Lenni hat aufgehört zu quengeln. Er liegt auf dem Rücken, eingepackt in einen Frottee-Strampelanzug. Mit riesigen Augen fixiert er uns aus seinem Bettchen heraus, die Ärmchen nach einem Mobile ausgestreckt.

«Heyyyyy, Lenni.» Karina schmilzt förmlich, als sie sich über das Babybettgitter beugt. «Bastian, dir ist klar, dass das jetzt der süßeste Kollinger-Mann ist, oder?»

«Jetzt hast du meinem Vater gerade das Herz gebrochen», grinse ich und schalte den Babyfonsender auf dem Nachttisch auf stumm.

Meine Freundin richtet sich wieder auf. Drückt sich an mich. Legt ihren Kopf auf meine Schulter. «Schon schön, so einen kleinen Menschen zu haben, oder?»

«Wobei mir die großen Menschen oft schon zu viel werden, ja.»

Lennis Aufmerksamkeit gilt jetzt wieder vollends den baumelnden Sternchen, Monden und Planeten, die sich drehend und wippend um einen blau schimmernden Erdball bewegen. Ein paar Mini-Erdumdrehungen sagen wir nichts.

Dann fragt Karina, während sie sich von meiner Schulter löst: «Wie geht es denn jetzt eigentlich weiter?»

«Was meinst du?»

«Na, mit uns. Diese Fernbeziehungssache ist doch irgendwie nichts, oder?»

«Nicht so richtig, nein. Was würdest du denn wollen?»

«Na, das frage ich dich, Bastian. Wenn du an die Zukunft denkst. Sagen wir in einem Jahr. Nächstes Weihnachten. Wo siehst du uns da?»

Nächstes Weihnachten, übernächstes Weihnachten, das Weihnachten in zehn Jahren.

Das Wo wird sich verändern.

Hauptsache, das Zusammen bleibt.

Das für dieses Buch verwendete Papier ist FSC®-zertifiziert.